# 근현대 전법 선맥(傳法禪脈)

## 75조 경허 성우(鏡虛 惺牛) 전법선사

오도송

| | |
|---|---|
| 홀연히 콧구멍 없는 소 되라는 말끝에 | 忽聞人語無鼻孔 |
| 삼천계가 내 집임을 단박에 깨달았네 | 頓覺三千是我家 |
| 유월의 연암산을 내려가는 길에서 | 六月鷰岩山下路 |
| 일없는 야인이 태평가를 부르노라 | 野人無事太平歌 |

## 76조 만공 월면(滿空 月面) 전법선사

전법게

| | |
|---|---|
| 구름과 달, 산과 계곡이라, 곳곳에서 같음이여 | 雲月溪山處處同 |
| 선가의 나의 제자 수산의 큰 가풍일세 | 叟山禪子大家風 |
| 은근히 무문인을 그대에게 분부하니 | 慇懃付付無文印 |
| 이 기틀의 방편이 활안 중에 있노라 | 一段機權活眼中 |

\* 제75조 경허 성우 전법선사 전함 / 제76조 만공 월면 전법선사 받음

## 77조 전강 영신(田岡 永信) 전법선사

전법게

| | |
|---|---|
| 불조도 전한 바 없어서 | 佛祖未曾傳 |
| 나 또한 얻은 바 없음을… | 我亦無所得 |
| 가을빛 저물어 가는 날에 | 此日秋色暮 |
| 뒷산의 원숭이가 울고 있네 | 猿嘯在後峰 |

\* 제76조 만공 월면 전법선사 전함 / 제77조 전강 영신 전법선사 받음

## 78대 대원 문재현(大圓 文載賢) 전법선사

전법게

| | |
|---|---|
| 부처와 조사도 일찍이 전한 것이 아니거늘 | 佛祖未曾傳 |
| 나 또한 어찌 받았다 하며 준다 할 것인가 | 我亦何受授 |
| 이 법이 2천년대에 이르러서 | 此法二千年 |
| 널리 천하 사람을 제도하리라 | 廣度天下人 |

부송(付頌)

| | |
|---|---|
| 어상을 내리지 않고 이러―히 대한다 함이여 | 不下御床對如是 |
| 뒷날 돌아이가 구멍 없는 피리를 불리니 | 後日石兒吹無孔 |
| 이로부터 불법이 천하에 가득하리라 | 自此佛法滿天下 |

\* 제77조 전강 영신 전법선사 전함 / 제78대 대원 문재현 전법선사 받음

이 오도송과 전법게는 대원 문재현 선사님께서 법리에 맞도록 새롭게 번역한 것입니다.

불조정맥 제 77조 대한불교 조계종 전강 대선사님께서는, 16세에 출가하여 23세 때 첫 깨달음을 얻고 25세에 인가를 받으셨다. 당대의 7대 선지식인 만공, 혜봉, 혜월, 한암, 금봉, 보월, 용성 선사님의 인가를 한 몸에 받으셨으며, 이 중 만공 선사님께 전법게를 받아 그 뒤를 이으셨다. 당대의 선지식들이 모두 극찬할 정도로 그 법이 뛰어나서 '지혜제일 정전강'이라 불렸다.

33세의 최연소의 나이로 통도사 조실을 하셨고, 법주사, 망월사, 동화사, 범어사, 천축사, 용주사, 정각사 등 유명선원 조실을 역임하시고 인천 용화사 법보선원의 조실로 일생을 마치셨다.

1975년 1월 13일, 용화사 법보선원의 천여 명 대중 앞에서 "어떤 것이 생사대사(生死大事)인고?" 자문한 후에 "아! 구구는 번성(飜成) 팔십일이니라."라고 법문한 뒤, 눈을 감고 좌탈입망하셨다.

다비를 하던 날, 화려한 불빛이 일고 정골에서 구슬 같은 사리가 무수히 나왔다. 열반하시기까지 한결같이 공안 법문으로 최상승법을 드날리셨으니 그 투철한 깨달음과 뛰어난 법, 널리 교화하기를 그치지 않으셨던 점에 있어서 한국 근대 선종의 거목이라 일컬어지고 있다.

불조정맥 제78대 대원 문재현 전법선사님
- 전강대법회에서 법문 중 할을 하시는 모습

오로지 정법만을 깨닫기 서원합니다.

입을 열면 정법만을 설하기 서원합니다.

중생이 다하는 그날까지 교화하기 서원합니다.

－대원 문재현 전법선사의 3대 서원

# 불교 8대 선언문

불교는 자신에게서 영생을 발견하게 한 유일한 종교이다.

불교는 자신에게서 모든 지혜를 발견하게 한 유일한 종교이다.

불교는 자신에게서 모든 능력을 발견하게 한 유일한 종교이다.

불교는 자신에게서 모든 것을 이루게 한 유일한 종교이다.

불교는 자신에게서 극락을 발견하게 한 유일한 종교이다.

불교는 깨달으면 차별 없어 평등하다는 유일한 종교이다.

불교는 모든 억압 없이 자신감을 갖게 한 유일한 종교이다.

불교는 그러므로 온 누리에 영원할 만인의 종교이다.

– 대원 문재현 전법선사 주창

## 전세계의 불교계에서 통일시켜야 할 일

경전의 말씀대로 32상과 80종호를 갖춘 불상으로 통일해야 한다.

예불 드리는 법을 통일해야 한다.

불공의식을 통일해야 한다.


– 대원 문재현 전법선사 주창

2017년 육조사 청도정맥선원 대원 문재현 선사님의 법회

# 대방광불화엄경

大 方 廣 佛 華 嚴 經

## 제 26 권

십회향품 ④

十 廻 向 品

도서출판 문젠(구, 바로보인)은 정맥선원에서 운영하고 있습니다.

* 인제산(人濟山) 성불사(成佛寺) 국제정맥선원
  경기도 포천시 내촌면 소리개길 86-178 ☎ 031-531-8805
* 인제산(人濟山) 이룬절 포천정맥선원
  경기도 포천시 내촌면 소리개길 86-123 ☎ 031-532-1918
* 백양산(白楊山) 자모사(慈母寺) 부산정맥선원
  부산시 동래구 아시아드대로 114번길 10 대륙코리아나 2층 212호 ☎ 051-503-6460
* 자모산(慈母山) 육조사(六祖寺) 청도정맥선원
  경북 청도군 매전면 동산리 산 50 ☎ 010-4543-2460
* 광암산(光巖山) 성도사(成道寺) 광주정맥선원
  광주광역시 광산구 삼도광암길 34 ☎ 062-944-4088
* 대통산(大通山) 대통사(大通寺) 해남정맥선원
  전남 해남군 화산면 송계길 132-98 중정마을 ☎ 061-536-6366

바로보인 불법 **38**

# 화 엄 경 26권

초판 1쇄 펴낸날 단기 4351년, 불기 3045년, 서기 2018년 5월 20일

역    저 대원 문재현 선사
펴 낸 곳 도서출판 문젠(Moonzen Press)
        11192,경기도 포천시 내촌면 소리개길 86-178
        전화 031-534-3373 팩스 031-533-3387
신 고 번 호  2010.11.24. 제2010-000004호

윤 문 교 정  증연 강영미
편집 전자책제작  도향 하가연
표 지 그 림  현정(玄楨)
인      쇄  가람문화사

도서출판문젠 www.moonzenpress.com
정 맥 선 원 www.zenparadise.com
사막화방지국제연대(IUPD) www.iupd.org

© 문재현, 2017. Printed in Seoul, Republic of Korea
값 15,000원
ISBN 978-89-6870-026-2 04220
ISBN 978-89-6870-000-2 (전81권)

# 華嚴十無頌 화엄십무송

- 대원 문재현 선사

無相法性常顯前
상이 없는 법성은 언제나 드러나 있고

無性諸法如谷響
성품이 없는 모든 법은 골짜기에 메아리 같도다

無外作處是自在
밖이 없이 짓는 곳을 이 자재라 하는 것이니

無非華嚴大道場
화엄 대도량 아님이 없음이로다

無窮無盡光神通
궁구할 수 없고 다함 없는 광명의 신통에서

無不出生三千界
삼천대천세계가 나오지 않음이 없도다

無碍相卽大自在
걸림이 없이 서로 즉한 대자재여

無爲之法是日常
함이 없는 법이 일상이로다

無有定法隨狀況
정한 법 없어 상황을 따름이여

無上無爲妙菩提
위 없고 함이 없는 묘보리로다

바로보인 불법 ㊳

# 화엄경(華嚴經) 26권

대 원 문 재 현 선 사 역 저

二十五 、 십회향품 (十廻向品) ④

# 서 문

가없이 크고 넓어 광대함이여!
모양 없는 그 가운데 본래 갖춤
증득한 지혜인이라야 아네

남섬부주 일체의 나툼이여
본래의 갖춤에 비하자면
천만억분의 일도 안 된다네

이러-히 온통 온통함이여!
모두 갖춘 본연한 이 장엄을
'대방광불화엄'이라 하네

단기(檀紀) 4345년
불기(佛紀) 3039년

무등산인 대원 문재현
(無等山人 大圓 文載賢)

## 81권 화엄경 권과 품

1. 세주묘엄품(世主妙嚴品)　　　　화엄경 1권 ~ 5권
2. 여래현상품(如來現相品)　　　　화엄경 6권
3. 보현삼매품(普賢三昧品)　　　　화엄경 7권
4. 세계성취품(世界成就品)　　　　화엄경 7권
5. 화장세계품(華藏世界品)　　　　화엄경 8권 ~ 10권
6. 비로자나품(毘盧遮那品)　　　　화엄경 11권
7. 여래명호품(如來名號品)　　　　화엄경 12권
8. 사성제품(四聖諦品)　　　　　　화엄경 12권
9. 광명각품(光明覺品)　　　　　　화엄경 13권
10. 보살문명품(菩薩問明品)　　　　화엄경 13권
11. 정행품(淨行品)　　　　　　　　화엄경 14권
12. 현수품(賢首品)　　　　　　　　화엄경 14권 ~ 15권
13. 승수미산정품(升須彌山頂品)　　화엄경 16권
14. 수미정상게찬품(須彌頂上偈讚品)　화엄경 16권
15. 십주품(十住品)　　　　　　　　화엄경 16권
16. 범행품(梵行品)　　　　　　　　화엄경 17권
17. 초발심공덕품(初發心功德品)　　화엄경 17권
18. 명법품(明法品)　　　　　　　　화엄경 18권
19. 승야마천궁품(昇夜摩天宮品)　　화엄경 19권
20. 야마궁중게찬품(夜摩宮中偈讚品)　화엄경 19권

21. 십행품(十行品)                              화엄경 19권 ~ 20권

22. 십무진장품(十無盡藏品)                       화엄경 21권

23. 승도솔천궁품(昇兜率天宮品)                    화엄경 22권

24. 도솔궁중게찬품(兜率宮中偈讚品)                화엄경 23권

25. 십회향품(十廻向品)                           화엄경 23권 ~ 33권

26. 십지품(十地品)                              화엄경 34권 ~ 39권

27. 십정품(十定品)                              화엄경 40권 ~ 43권

28. 십통품(十通品)                              화엄경 44권

29. 십인품(十忍品)                              화엄경 44권

30. 아승기품(阿僧祇品)                           화엄경 45권

31. 여래수량품(如來壽量品)                        화엄경 45권

32. 제보살주처품(諸菩薩住處品)                     화엄경 45권

33. 불부사의법품(佛不思議法品)                     화엄경 46권 ~ 47권

34. 여래십신상해품(如來十身相海品)                  화엄경 48권

35. 여래수호광명공덕품(如來隨好光明功德品)           화엄경 48권

36. 보현행품(普賢行品)                           화엄경 49권

37. 여래출현품(如來出現品)                        화엄경 50권 ~ 52권

38. 이세간품(離世間品)                           화엄경 53권 ~ 59권

39. 입법계품(入法界品)                           화엄경 60권 ~ 80권

40. 보현행원품(普賢行願品)                        화엄경 81권

# 차 례

서 문  7
81권 화엄경 권과 품  8
일러두기  12

## 二十五 、십회향품(十廻向品) ④  13
6) 제6 견고한 일체 선근을 따르는 회향 ③  15

**대원선사 결문(決文)**  117
미주  120

부록 1  불조정맥 (佛祖正脈)  123
부록 2  대원 문재현 선사님 인가 내력  129
부록 3  21세기에 인류가 해야 할 일  139
부록 4  가슴으로 부르는 불심의 노래
　－ 대원 문재현 선사님이 작사한 곡  145

# 일러두기

1. 화엄경 본문을 지나치게 세밀하게 나누어 긴 주해를 싣지 않은 것은 그로 해서 원문의 흐름이 끊어지게 되지 않을까 하는 우려에서이다. 이런 까닭에 다만 수없이 장고(長考)하며 최대한 원문에 충실하게 번역하고 각권의 마지막이나 각품의 마지막에만 결문(結文)을 더하였다. 화엄경 본문이 이치적으로 더할 나위 없이 샅샅이 불화엄의 화장세계를 밝힌 것이라면 결문은 화엄경의 화장세계를 선(禪) 도리로 간략히 바로 끊어 보인 것이다. 이로써 경의 본뜻이 굴절 없이 전달되어 화엄의 세계가 독자의 세계가 되기를 바란다.

2. 요즈음 화엄경을 접한 이들이 최고의 경전이라 불리는 화엄경 첫머리부터 '신(神)'이라는 호칭으로 기록된 분들이 많은 것을 보고 의아하게 생각하는 경우가 있다. 화엄경의 첫머리인 세주묘엄품을 보면 이 '신(神)'이라는 호칭으로 기록된 분들이 불보살님의 화현이거나 보살마하살의 경지에서 행하는 분들임을 알 수 있다. 이런 까닭에 이 책에서는 '신(神)'을 '천제(天帝)'로 번역하였다. 예를 들면, '집금강신'은 '집금강천제'로 의역하였다. 천제는 그 세계를 다스리고 교화하는 분, 곧 깨달아, 삼매와 지혜와 덕과 신통과 방편과 변재를 갖추어서 다스리고 교화하는 분을 말한다.

3. 미주는 *로 표시하였다.

# 二十五 십회향품 ④

佛子 菩薩摩訶薩 以種種車 衆寶嚴飾 奉施諸佛 及諸菩薩 師長善友 聲聞緣覺 如是無量種種福田 乃至貧窮孤露之者 此諸人衆 或從遠來 或從近來 或承菩薩名聞故 來 或是菩薩因緣故 來 或聞菩薩往昔所發施願故 來 或是菩薩心願故 來 菩薩 是時 或施寶車 或施金車 悉妙莊嚴 鈴網覆上 寶帶垂下 或施上妙琉璃之車 無量珍奇 以爲嚴飾 或復施與白銀之車

## 6) 제6 견고한 일체 선근을 따르는 회향 ③
### (隨順堅固一切善根廻向)

"불자들이여, 보살마하살이 갖가지 수레를 온갖 보배로 화려하게 장식하여 모든 부처님과 모든 보살과 스승과 나이 많은 어른과 착한 벗과 성문과 연각과 이와 같은 한량없는 갖가지 복밭과 더 나아가서 빈궁하고 외로운 이들까지도 받들어 보시합니다.

이 모든 사람은 혹은 먼 데서 오거나, 혹은 가까운 데서 오거나, 혹은 보살의 명성을 전해 듣고 오거나, 혹은 이 보살의 인연으로 오거나, 혹은 보살이 지난 옛적에 발한 보시의 원력을 듣고서 오거나, 혹은 이 보살의 마음의 원력으로 옵니다.

보살이 이때에 혹은 보배 수레를 보시하고, 혹은 금 수레를 보시하였는데, 방울과 그물을 위에 덮고 보배 띠를 아래로 드리워 모두 묘하게 장엄합니다. 혹은 가장 훌륭한 유리 수레를 보시하였는데, 한량없고 기이한 보배로 화려하게 장식합니다. 혹은 백은 수레를 보시하였는데,

覆以金網 駕以駿馬 或復施與無量雜寶所莊嚴車 覆以寶
網 駕以香象 或復施與栴檀之車 妙寶爲輪 雜寶爲蓋 寶
師子座 敷置嚴好 百千婇女 列坐其上 十萬丈夫 牽御而
行 或復施與玻瓈寶車 衆雜妙寶 以爲嚴飾 端正女人 充
滿其中 寶帳覆上 幢幡侍側 或復施與碼瑙藏車 飾以衆
寶 熏諸雜香 種種妙華 散布莊嚴 百千婇女 持寶瓔珞 駕
馭均調 涉險能安 或復施與堅固香車 衆寶爲輪 莊嚴巨麗
寶帳覆上 寶網垂下 種種寶衣 敷布其中

금그물을 덮고 준마를 메웁니다. 혹은 한량없는 여러 보배로 장엄한 수레를 보시하였는데, 보배 그물을 덮고 향기 나는 코끼리를 메웁니다. 혹은 전단 수레를 보시하였는데, 묘한 보배가 바퀴가 되고 여러 가지 보배가 일산이 되며 훌륭하게 펼쳐놓은 보배 사자좌 위에 백천 채녀가 줄지어 앉아있고 십만의 장부가 끌고 갑니다. 혹은 파려보배 수레를 보시하였는데, 여러 가지 묘한 보배로 화려하게 장식하고 단정한 여인들이 그 가운데 가득하며 보배 휘장을 위에 덮고 옆에는 당기와 번기가 있습니다. 혹은 마노장 수레를 보시하였는데, 온갖 보배로 장식하고 모든 여러 가지 향을 피우며 갖가지 묘한 꽃을 흩어서 장엄하고 백천 채녀가 보배 영락을 지니며 균형 있게 몰아서 험한 곳도 편안하게 갑니다. 혹은 견고한 향 수레를 보시하였는데, 온갖 보배로 된 바퀴를 크고 화려하게 장엄하고, 보배 휘장을 위에 덮으며, 보배 그물을 아래에 드리우고, 갖가지 보배 옷을 그 가운데에 펼치며,

清淨好香 流芬外徹 其香美妙 稱悅人心 無量諸天 翼從
而行 載以衆寶 隨時給施 或復施與光明寶車 種種諸寶
妙色映徹 衆妙寶網 羅覆其上 雜寶瓔珞 周帀垂下 散以
末香 內外芬潔 所愛男女 悉載其上 佛子 菩薩摩訶薩 以
如是等衆妙寶車 奉施佛時 以此善根 如是廻向 所謂願一
切衆生 悉解供養最上福田 深信施佛 得無量報

청정하고 좋은 향이 밖으로 흘러 나와 그 향기가 미묘하여 사람의 마음을 기쁘게 하고, 한량없는 모든 천인이 도와서 온갖 보배를 실어 때에 따라 보시하여 줍니다. 혹은 광명의 보배 수레를 보시하였는데, 갖가지 모든 보배에서 묘한 빛이 환하게 비치고, 온갖 묘한 보배 그물이 그 위에 덮였으며, 여러 보배 영락이 주위에 드리워져 있고, 가루향을 뿌려 안과 밖을 향기롭고 깨끗하게 하였으며, 사랑스러운 남녀들이 그 위에 타고 있습니다.

불자들이여, 보살마하살이 이와 같은 등의 온갖 묘한 보배 수레를 부처님께 받들어 보시할 때에, 이 선근으로써 이와 같이 회향하기를 '일체 중생이 모두 가장 위인 복밭에 공양 올려야 함을 알아서 깊은 믿음으로 부처님께 보시하여 한량없는 과보를 얻기를 서원하고,

願一切衆生 一心向佛 常遇無量淸淨福田 願一切衆生 於
諸如來 無所悋惜 具足成就大捨之心 願一切衆生 於諸佛
所 修行施行 離二乘願 逮得如來無礙解脫一切智智 願一
切衆生 於諸佛所 行無盡施 入佛無量功德智 願一切衆生
入佛勝智 得成淸淨無上智王 願一切衆生 得佛遍至無礙
神通 隨所欲往 靡不自在

일체 중생이 부처님을 향한 온통인 마음으로 늘 한량
없고 청정한 복밭을 만나기를 서원하며, 일체 중생
이 모든 여래께 아끼는 바가 없어서 크게 보시하는 마
음을 성취하여 구족하기를 서원하고, 일체 중생이 모
든 부처님 처소에 보시의 행을 닦아 행하여서 이승(二
乘)의 원을 버리고 여래의 걸림 없는 해탈과 일체지의
지혜를 얻음에 이르르기를 서원하며, 일체 중생이 모
든 부처님 처소에 다함 없는 보시를 행하여서 부처님
의 한량없는 공덕과 지혜에 들어가기를 서원하고, 일
체 중생이 부처님의 수승한 지혜에 들어가서 청정하고
위 없는 지혜의 왕이 되기를 서원하며, 일체 중생이 부
처님의 걸림없이 두루 이르르는 신통을 얻어서 가고
자 하는 바를 따라 자재하지 않음이 없기를 서원하고,

願一切衆生 深入大乘 獲無量智 安住不動 願一切衆生
皆能出生一切智法 爲諸天人 最上福田 願一切衆生 於諸
佛所 無嫌恨心 勤種善根 樂求佛智 願一切衆生 任運能
往一切佛刹 一刹那中 普周法界 而無懈倦 願一切衆生
逮得菩薩自在神通 分身遍滿等虛空界 一切佛所 親近供
養 願一切衆生 得無比身 遍往十方 而無厭倦 願一切衆
生 得廣大身

일체 중생이 대승에 깊이 들어가 한량없는 지혜를 얻어서 편히 머물러 움직이지 않기를 서원하며, 일체 중생이 일체 지혜의 법을 다 내어서 모든 천상과 인간의 가장 위인 복밭이 되기를 서원하고, 일체 중생이 모든 부처님 처소에 싫어하고 원망하는 마음이 없이 부지런히 선근을 심어서 부처님 지혜를 즐거이 구하기를 서원하며, 일체 중생이 마음대로 일체 부처님세계에 가서 한 찰나 가운데 법계에 두루하여 게으름이 없기를 서원하고, 일체 중생이 보살의 자재한 신통을 얻어서 몸을 나누어 허공계에 두루 가득하고 일체 부처님 처소에 친근히 공양 올리기를 서원하며, 일체 중생이 비할 데 없는 몸을 얻어서 시방에 두루 가되 싫어하거나 게으름이 없기를 서원하고, 일체 중생이 광대한 몸을 얻어서

飛行迅疾 隨意所往 終無懈退 願一切衆生 得佛究竟自在
威力 一刹那中盡虛空界 悉現諸佛神通變化 願一切衆生
修安樂行 隨順一切諸菩薩道 願一切衆生 得速疾行 究竟
十力智慧神通 願一切衆生 普入法界十方國土 悉盡邊際
等無差別 願一切衆生 行普賢行 無有退轉 到於彼岸 成一
切智 願一切衆生 昇於無比智慧之乘 隨順法性 見如實理

빠르게 날아다니며 마음대로 가되 마침내 게으르거나 물러남이 없기를 서원하며, 일체 중생이 구경에 부처님의 자재한 위신력을 얻어서 한 찰나 가운데 온 허공계에서 모든 부처님의 신통변화를 다 나타내기를 서원하고, 일체 중생이 편안하고 즐거운 행을 닦아서 일체 모든 보살도를 따르기를 서원하며, 일체 중생이 빠른 행을 얻어서 십력과 지혜와 신통이 구경에 이르르기를 서원하고, 일체 중생이 법계의 시방 국토에 두루 들어가서 끝이 다하도록 차별이 없이 평등하기를 서원하며, 일체 중생이 보현행을 행하여서 퇴전함이 없이 피안에 이르러 일체 지혜를 이루기를 서원하고, 일체 중생이 비할 데 없는 지혜의 수레에 올라서 법성을 수순하여 실다운 이치의 여여함을 보기를 서원하나이다.'라고 합니다.

是爲菩薩摩訶薩 以衆寶車 奉施現在一切諸佛 及佛滅後
所有塔廟 善根廻向 爲令衆生 得於如來究竟出離無礙乘
故 佛子 菩薩摩訶薩 以衆寶車 施菩薩等善知識時 以諸
善根 如是廻向 所謂願一切衆生 心常憶持善知識敎 專勤
守護 令不忘失 願一切衆生 與善知識 同一義利 普攝一
切 與共善根 願一切衆生 近善知識 尊重供養 悉捨所有
順可其心 願一切衆生 得善志欲 隨逐善友 未嘗捨離

이것을 보살마하살이 온갖 보배 수레로 현재의 일체 모든 부처님과 부처님께서 열반하신 뒤 모든 탑묘에 받들어 보시하여 선근으로 회향하는 것이라 하니, 중생들로 하여금 여래의 구경이라 함마저도 초월하여 걸림 없는 수레를 얻게 하려는 까닭입니다.

불자들이여, 보살마하살이 온갖 보배 수레를 보살과 선지식에게 보시할 때에, 모든 선근으로써 이와 같이 회향하기를 '일체 중생이 선지식의 가르침을 늘 마음으로 기억하고 지녀서 오로지 부지런히 수호하여 잊어버리지 않기를 서원하고, 일체 중생이 선지식과 더불어 이치의 예리함이 같아서 일체를 두루 거두어 선근을 함께 하기를 서원하며, 일체 중생이 선지식을 가까이 하여 존중하고 공양해서 있는 바를 다 보시하여 그 마음을 따르기를 서원하고, 일체 중생이 좋은 뜻을 얻고자 하여 착한 벗을 따라다녀서 여의어 버리지 않기를 서원하며,

願一切衆生 常得值遇諸善知識 專意承奉 不違其敎 願一切衆生 樂善知識 常不捨離 無間無雜 亦無誤失 願一切衆生 能以其身 施善知識 隨其敎命 靡有違逆 願一切衆生 爲善知識之所攝受 修習大慈 遠離諸惡 願一切衆生 隨善知識 聽聞諸佛所說正法 願一切衆生 與善知識 同一善根 淸淨業果 與諸菩薩 同一行願 究竟十力 願一切衆生 悉能受持善知識法 逮得一切三昧境界智慧神通 願一切衆生 悉能受持一切正法 修習諸行 到於彼岸 願一切衆生 乘於大乘

일체 중생이 항상 모든 선지식을 만나서 오로지 한 뜻으로 받들어 그의 가르침을 어기지 않기를 서원하고, 일체 중생이 선지식을 좋아하여 늘 여의어 버리지 않아 빈틈도 없고 잡됨도 없으며 또한 그릇됨도 없기를 서원하며, 일체 중생이 선지식에게 몸으로 보시하되 그 가르침의 명을 따라서 어기지 않기를 서원하고, 일체 중생이 선지식이 거두어 주는 바가 되어서 대자비를 닦고 익혀 모든 악함을 멀리 여의기를 서원하며, 일체 중생이 선지식을 따라서 모든 부처님께서 설하시는 바른 법을 듣기를 서원하고, 일체 중생이 선지식과 더불어 선근이 같아서 업과가 청정하고 모든 보살과 더불어 서원행이 같아서 십력이 구경에 이르르기를 서원하며, 일체 중생이 선지식의 법을 다 받아 지녀서 일체 삼매의 경계와 지혜와 신통을 얻음에 이르르기를 서원하고, 일체 중생이 일체 바른 법을 다 받아 지녀서 모든 행을 닦아 익혀 피안에 이르르기를 서원하며, 일체 중생이 큰 수레에 올라서

無所障礙 究竟成就一切智道 願一切衆生 悉得上於一切
智乘 至安隱處 無有退轉 願一切衆生 知如實行 隨其所聞
一切佛法 皆得究竟 永無忘失 願一切衆生 普爲諸佛之所
攝受 得無礙智 究竟諸法 願一切衆生 得無退失自在神通
所欲往詣 一念皆到 願一切衆生 往來自在 廣行化導 令住
大乘 願一切衆生 所行不空 載以智乘 到究竟位 願一切
衆生 得無礙乘 以無礙智 至一切處

장애가 없어 구경에 일체 지혜의 도를 성취하기를 서원하고, 일체 중생이 다 일체 지혜의 수레에 올라서 편안한 곳에 이르러 퇴전함이 없기를 서원하며, 일체 중생이 여여하고 실다운 행을 알아서 들은 바대로 일체 불법을 따라 다 구경을 얻어 영원히 잊어버림이 없기를 서원하고, 일체 중생이 널리 모든 부처님께서 거두어 주시는 바가 되어서 구경에는 모든 법에 걸림 없는 지혜를 얻기를 서원하며, 일체 중생이 물러남이 없는 자재한 신통을 얻어서 가고자 하는 곳은 온통인 생각으로 다 이르기를 서원하고, 일체 중생이 가고 옴에 자재하여서 널리 교화하여 대승에 머물기를 서원하며, 일체 중생이 행하는 바가 헛되지 않아서 지혜의 수레를 타고 구경위*에 이르르기를 서원하고, 일체 중생이 걸림 없는 수레를 얻어서 걸림 없는 지혜로 일체 곳에 이르기를 서원하나이다.'라고 합니다.

是爲菩薩摩訶薩 施善知識種種車時 善根廻向 爲令衆生
功德具足 與佛菩薩 等無異故 佛子 菩薩摩訶薩 以衆寶
車 布施僧時 起學一切施心 智善了心 淨功德心 隨順捨心
僧寶難遇心 深信僧寶心 攝持正敎心 住勝志樂 得未曾有
爲大施會 出生無量廣大功德 深信佛敎 不可沮壞

이것을 보살마하살이 선지식에게 갖가지 수레를 보시할 때 선근으로 회향하는 것이라 하니, 중생들로 하여금 공덕을 구족하고 불보살과 더불어 평등하여 다름이 없게 하려는 까닭입니다.

불자들이여, 보살마하살이 온갖 보배 수레로써 스님들에게 보시할 때에, 일체 보시를 배우려는 마음과 지혜로 잘 알려는 마음과 깨끗한 공덕의 마음과 따라서 베풀려는 마음과 승보를 만나기 어렵다는 마음과 승보를 깊이 믿는 마음과 바른 가르침을 거두어 지니는* 마음을 일으켜서, 뛰어난 뜻의 즐거움에 머물러 일찍이 있어 본 적이 없는 것을 얻고, 크게 보시하는 모임을 만들어 한량없이 광대한 공덕을 내며, 부처님의 가르침을 깊이 믿어 무너뜨리지 않습니다.

以諸善根 如是廻向 所謂願一切衆生 普入佛法 憶持不忘
願一切衆生 離凡愚法 入賢聖處 願一切衆生 速入聖位
能以佛法 次第開誘 願一切衆生 擧世宗重 言必信用 願
一切衆生 善入一切諸法平等 了知法界 自性無二 願一切
衆生 從於如來智境而生 諸調順人 所共圍遶 願一切衆生
住離染法 滅除一切煩惱塵垢 願一切衆生 皆得成就無上
僧寶 離凡夫地 入賢聖衆

모든 선근으로써 이와 같이 회향하기를 '일체 중생이 널리 불법에 들어가서 기억하고 지녀 잊지 않기를 서원하고, 일체 중생이 범부의 어리석은 법을 떠나서 성현의 지위에 들어가기를 서원하며, 일체 중생이 빨리 성인의 지위에 들어가 불법으로써 차례대로 교화하기를 서원하고, 일체 중생이 세간에서 가장 소중함을 들어서 말한 것을 반드시 믿고 행하기를 서원하며, 일체 중생이 모든 법의 평등함에 잘 들어가서 법계의 자성에는 둘이 없음을 밝게 알기를 서원하고, 일체 중생이 여래의 지혜 경계로부터 나서 모두 조복하고 따르는 사람들이 함께 둘러싸기를 서원하며, 일체 중생이 물들지 않는 법에 머물러서 일체 번뇌인 티끌과 때를 멸하여 없애기를 서원하고, 일체 중생이 위 없는 승보를 모두 성취하여서 범부의 지위를 여의고 성현의 무리에 들어가기를 서원하며,

願一切衆生 勤修善法 得無礙智 具聖功德 願一切衆生
得智慧心 不着三世 於諸衆中 自在如王 願一切衆生 乘智
慧乘 轉正法輪 願一切衆生 具足神通 一念能往不可說不
可說世界 願一切衆生 乘虛空身 於諸世間 智慧無礙 願
一切衆生 普入一切虛空法界諸佛衆會 成就第一波羅蜜行
願一切衆生 得輕擧身 殊勝智慧 悉能遍入一切佛刹 願一
切衆生 獲無邊際善巧神足 於一切刹 普現其身

일체 중생이 착한 법을 부지런히 닦아서 걸림 없는 지혜를 얻어 성인의 공덕을 갖추기를 서원하고, 일체 중생이 지혜의 마음을 얻어서 삼세에 집착하지 않아 모든 대중 가운데에서 왕과 같이 자재하기를 서원하며, 일체 중생이 지혜의 수레에 올라서 바른 법륜을 굴리기를 서원하고, 일체 중생이 신통을 구족하여서 온통인 생각으로 불가설불가설 수의 세계에 가기를 서원하며, 일체 중생이 허공신(虛空身)*에 올라서 모든 세간에서 지혜가 걸림이 없기를 서원하고, 일체 중생이 일체 허공 법계에 들어가서 모든 부처님의 대중모임에서 제일가는 바라밀행을 성취하기를 서원하며, 일체 중생이 가볍게 행하는 몸과 수승한 지혜를 얻어서 일체 부처님세계에 다 두루 들어가기를 서원하고, 일체 중생이 끝이 없는 공교한 신족통을 얻어서 일체 세계에 널리 그 몸을 나타내기를 서원하며,

願一切衆生 得於一切無所依身 以神通力 如影普現 願
一切衆生 得不思議自在神力 隨應可化 卽現其前 教化調
伏 願一切衆生 得入法界無礙方便 一念遍遊十方國土 是
爲菩薩摩訶薩 施僧寶車 善根廻向 爲令衆生 普乘淸淨無
上智乘 於一切世間 轉無礙法智慧輪故 佛子 菩薩摩訶薩
以衆寶車 布施聲聞獨覺之時 起如是心 所謂福田心 尊敬
心 功德海心 能出生功德智慧心 從如來功德勢力所生心

일체 중생이 일체 의지할 바 없는 몸을 얻어서 신통력으로 그림자처럼 두루 나타내기를 서원하고, 일체 중생이 부사의하고 자재한 신통력을 얻어서 응함을 따라 화하여 곧 그 앞에 나타나 조복시켜 교화하기를 서원하며, 일체 중생이 법계에 들어가는 걸림 없는 방편을 얻어서 온통인 생각으로 시방 국토에 두루 다니기를 서원하나이다.'라고 합니다.

이것을 보살마하살이 승보에게 보배 수레를 보시할 때 선근으로 회향하는 것이라 하니, 중생들로 하여금 널리 청정하고 위 없는 지혜의 수레에 올라 일체 세간에서 걸림 없는 법의 지혜 수레를 운전하게 하려는 까닭입니다.

불자들이여, 보살마하살이 온갖 보배 수레로써 성문과 독각에게 보시할 때에 이와 같은 마음을 일으키니, 복밭의 마음과 존경의 마음과 공덕바다의 마음과 공덕과 지혜를 내는 마음과 여래의 공덕력으로 생기는 마음과

百千億那由他劫修習心 能於不可說劫 修菩薩行心 解脫
一切魔繫縛心 摧滅一切魔軍衆心 慧光照了無上法心 以
此施車所有善根 如是廻向 所謂願一切衆生 爲世所信第
一福田 具足無上檀波羅蜜 願一切衆生 離無益語 常樂獨
處 心無二念 願一切衆生 成最第一淸淨福田 攝諸衆生
令修福業 願一切衆生 成智慧淵 能與衆生無量無數善根
果報 願一切衆生 住無礙行 滿足淸淨第一福田 願一切衆
生 住無諍法

백천억 나유타 수의 겁에 닦아 익히려는 마음과 불가설 수의 겁에 보살행을 닦으려는 마음과 일체 마의 결박에서 벗어나려는 마음과 일체 마군의 무리를 꺾어서 멸하려는 마음과 지혜광명으로 위 없는 법을 밝게 비추려는 마음입니다.

이 수레를 보시한 모든 선근으로써 이와 같이 회향하기를 '일체 중생이 세상에서 믿을 만한 제일의 복밭이 되어서 위 없는 보시바라밀을 구족하기를 서원하고, 일체 중생이 이익이 없는 말을 여의어서 늘 홀로 머무는 것을 좋아하여 마음에 두 가지 생각이 없기를 서원하며, 일체 중생이 가장 제일인 청정한 복밭을 이루어서 모든 중생을 거두어 복업을 닦게 하기를 서원하고, 일체 중생이 지혜의 못〔淵〕을 이루어서 중생들에게 한량없고 셀 수 없는 선근의 과보를 주기를 서원하며, 일체 중생이 걸림 없는 행에 머물러서 청정한 제일의 복밭을 원만히 구족하기를 서원하고, 일체 중생이 다툼이 없는 법에 머물러서

了一切法 皆無所作 無性爲性 願一切衆生 常得親近最上
福田 具足修成無量福德 願一切衆生 能現無量自在神通
以淨福田 攝諸含識 願一切衆生 具足無盡功德福田 能與
衆生如來十力第一乘果 願一切衆生 爲能辦果眞實福田 成
一切智無盡福聚 願一切衆生 得滅罪法 悉能受持所未曾
聞 佛法句義 願一切衆生 常勤聽受一切佛法 聞悉解悟
無空過者 願一切衆生 聽聞佛法 通達究竟 如其所聞 隨
順演說

일체 법이란 다 짓는 바가 없어 성품 없음을 성품으로 삼아 깨닫기를 서원하며, 일체 중생이 항상 가장 위인 복밭을 친근히 하여서 한량없는 복덕을 구족하게 닦아 이루기를 서원하고, 일체 중생이 한량없이 자재한 신통을 나타내어서 깨끗한 복밭으로 모든 중생을 거두기를 서원하며, 일체 중생이 다함이 없는 공덕의 복밭을 구족하여서 중생에게 여래의 십력과 제일승의 과(果)를 베풀어주기를 서원하고, 일체 중생이 과를 갖추어 참답고 실다운 복밭이 되어서 일체 지혜와 다함이 없는 복무더기를 이루기를 서원하며, 일체 중생이 죄를 멸하는 법을 얻어서 일찍이 듣지 못한 불법의 글귀와 뜻을 다 받아 지니기를 서원하고, 일체 중생이 항상 일체 불법을 부지런히 들어서 다 깨달아 알고 헛되이 지내는 이가 없기를 서원하며, 일체 중생이 불법을 듣고 구경까지 통달하여서 그 들은 바대로 수순하여 널리 펴 설하기를 서원하고,

願一切衆生 於如來教 信解修行 捨離一切九十六種外道
邪見 願一切衆生 常見賢聖 增長一切最勝善根 願一切衆
生 心常信樂智行之士 與諸聖哲 同止共歡 願一切衆生 聽
聞佛名 悉不唐捐 隨其所聞 咸得目見 願一切衆生 善分別
知諸佛正教 悉能守護持佛法者 願一切衆生 常樂聽聞一
切佛法 受持讀誦 開示照了 願一切衆生 信解佛敎如實功
德 悉捨所有 恭敬供養

일체 중생이 여래의 가르침을 믿고 알아 수행하여서 일체 96종 외도의 삿된 소견을 여의어 버리기를 서원하며, 일체 중생이 늘 성현을 뵙고서 가장 뛰어난 일체 선근을 더욱 더하기를 서원하고, 일체 중생이 마음에 늘 지혜로 행하는 덕 높은 이를 믿고 좋아하여서 모든 성인의 밝음과 같이 머물고 함께 기뻐하기를 서원하며, 일체 중생이 부처님 명호를 듣고 모두 헛되지 않도록 하여서 그 들은 바를 따라 다 눈으로 보기를 서원하고, 일체 중생이 모든 부처님의 바른 가르침을 알아서 잘 분별하여 불법을 지니는 이를 다 수호하기를 서원하며, 일체 중생이 늘 일체 불법을 듣기를 좋아해서 받아 지녀 읽고 외우고 열어 보이며 밝게 비추기를 서원하고, 일체 중생이 부처님 가르침의 실다운 공덕을 믿고 알아서 가진 바를 다 베풀어 공경하고 공양 올리기를 서원하나이다.'라고 합니다.

是爲菩薩摩訶薩 施聲聞獨覺種種車時 善根廻向 爲令衆
生 皆得成就淸淨第一智慧神通 精進修行 無有懈怠 獲一
切智 力無畏故 佛子 菩薩摩訶薩 以衆寶車 施諸福田 乃
至貧窮孤獨者時 隨其所求 一切悉捨 心生歡喜 無有厭倦
仍向彼人 自悔責言 我應往就 供養供給 不應勞汝 遠來疲
頓 言已拜跪 問訊起居 凡有所須 一切施與

이것을 보살마하살이 성문과 독각에게 갖가지 수레를 보시할 때 선근으로 회향하는 것이라 하니, 중생들로 하여금 청정한 제일의 지혜와 신통을 성취하게 하고, 정진 수행하여 게으름이 없게 하며, 일체 지혜와 힘과 두려움 없음을 얻게 하려는 까닭입니다.

　불자들이여, 보살마하살이 온갖 보배 수레로써 모든 복밭과 더 나아가서 빈궁하고 외로운 이들에게 보시할 때에, 그 구하는 바를 따라서 일체를 다 베풀되 마음에 환희함을 내어서 싫어하거나 게으름이 없습니다.

　오히려 그 사람을 향하여 스스로 뉘우쳐 말하기를 '내가 마땅히 가서 공급하고 공양 올려야 할 것인데, 그대에게 마음을 쓰지 않아 고단하게 멀리까지 오게 했구나.'라고 말을 하고는, 절을 하고 꿇어 앉아 기거함을 물어서 필요한 바가 있으면 일체를 다 보시하여 줍니다.

或時施彼摩尼寶車 以閻浮提第一女寶 充滿其上 或復施
與金莊嚴車 人間女寶 充滿其上 或復施與妙琉璃車 內宮
妓女 充滿其上 或施種種奇妙寶車 童女充滿 如天婇女
或施無數寶莊嚴車 寶女滿中 柔明辯慧 或施所乘妙栴檀
車 或復施與玻瓈寶車 悉載寶女 充滿其上 顏容端正 色
相無比 袨服莊嚴 見者欣悅 或復施與碼瑙寶車 灌頂王子
身載其上 或時施與堅固香車 所有男女 悉載其上 或施一
切寶莊嚴車 載以難捨親善眷屬

혹은 이때 마니보배 수레를 보시하니 염부제 제일의 여자 보배가 그 위에 가득하고, 혹은 금으로 장엄한 수레를 보시하니 인간 여자 보배가 그 위에 가득하며, 혹은 다시 묘한 유리 수레를 보시하니 궁 안의 기녀들이 그 위에 가득하고, 혹은 갖가지 기묘한 보배 수레를 보시하니 천상의 채녀와 같은 동녀들이 가득하며, 혹은 셀 수 없는 보배로 장엄한 수레를 보시하니 보배 여자가 가득하여 부드럽고 밝고 말을 잘 하며 지혜롭고, 혹은 타고 있던 묘한 전단 수레를 보시하며, 혹은 파려보배 수레를 보시하니 모두 보배 여자를 그 위에 가득 태웠는데 용모가 단정하고 모습이 비할 데 없으며 나들이 옷으로 장엄하여 보는 이들이 즐거워하고, 혹은 다시 마노보배 수레를 보시하니 관정한 왕자들이 몸소 그 위에 타고 있으며, 혹은 이때 견고한 향 수레를 보시하니 모든 남녀가 다 그 위에 가득하고, 혹은 일체 보배로 장엄한 수레를 보시하니 떠나보내기 어려운 친하고 착한 권속들이 타고 있습니다.

佛子 菩薩摩訶薩 以如是等無量寶車 隨其所求 恭敬施與
皆令遂願 歡喜滿足 以此善根 如是迴向 所謂願一切衆生
乘不退轉無障礙輪廣大之乘 詣不可思議菩提樹下 願一切
衆生 乘清淨因大法智乘 盡未來劫 修菩薩行 永不退轉
願一切衆生 乘一切法無所有乘 永離一切分別執着 而常
修習一切智道 願一切衆生 乘無諂誑正直之乘 往諸佛刹
自在無礙 願一切衆生 隨順安住一切智乘

불자들이여, 보살마하살이 이와 같은 등의 한량없는 보배 수레로써 그 구하는 바를 따라서 공경하여 보시하니 원을 다 이루어서 환희하고 만족하게 하는 것입니다.

이 선근으로써 이와 같이 회향하기를 '일체 중생이 퇴전하지 않고, 장애가 없는 바퀴의 광대한 수레에 올라서 불가사의한 보리수 아래로 나아가기를 서원하고, 일체 중생이 청정한 인으로 큰 법의 지혜 수레에 올라서 미래 겁이 다하도록 보살행을 닦아 영원히 퇴전하지 않기를 서원하며, 일체 중생이 일체 법이라 함마저도 없는 수레에 올라서 영원히 일체 분별과 집착을 여의어 늘 일체 지혜의 도를 닦아 익히기를 서원하고, 일체 중생이 아첨과 속임이 없는 정직한 수레에 올라서 모든 부처님 세계로 나아감에 자재하여 걸림이 없기를 서원하며, 일체 중생이 일체 지혜의 수레를 수순해서 편안히 머물러

以諸佛法 共相娛樂 願一切衆生 皆乘菩薩淸淨行乘 具足
菩薩十出離道 及三昧樂 願一切衆生 乘四輪乘 所謂住好
國土 依止善人 集勝福德 發大誓願 以此成滿一切菩薩
淸淨梵行 願一切衆生 得普照十方法光明乘 修學一切如
來智力 願一切衆生 乘佛法乘 到一切法究竟彼岸 願一切
衆生 載衆福善難思法乘 普示十方安隱正道 願一切衆生
乘大施乘 捨慳吝垢 願一切衆生 乘淨戒乘

모든 불법으로써 함께 즐거이 놀기를 서원하고, 일체 중생이 다 보살의 청정한 행의 수레에 올라서 보살의 열 가지 생사를 벗어나는 요긴한 도와 삼매의 즐거움을 구족하기를 서원하며, 일체 중생이 네 바퀴의 수레에 올라서 좋은 국토에 머물면서 착한 사람을 의지하며 뛰어난 복덕을 모으고 큰 서원을 발하여 이로써 일체 보살의 청정한 범행을 원만히 이루기를 서원하고, 일체 중생이 시방을 두루 비추는 법의 광명수레를 얻어서 일체 여래의 지혜와 힘을 닦아 배우기를 서원하며, 일체 중생이 불법의 수레에 올라서 일체 법의 구경인 피안에 이르르기를 서원하고, 일체 중생이 헤아리기 어려운 법의 수레에 온갖 복과 선을 실어서 시방에 편안하고 바른 도를 널리 보이기를 서원하며, 일체 중생이 큰 보시의 수레에 올라서 인색함의 때를 버리기를 서원하고, 일체 중생이 깨끗한 계율의 수레에 올라서

持等法界無邊淨戒 願一切衆生 乘忍辱乘 常於衆生 離瞋
濁心 願一切衆生 乘大精進不退轉乘 堅修勝行 趣菩提
道 願一切衆生 乘禪定乘 速至道場 證菩提智 願一切衆
生 乘於智慧巧方便乘 化身充滿一切法界諸佛境界 願一
切衆生 乘法王乘 成就無畏 恒普惠施一切智法 願一切衆
生 乘無所着智慧之乘 悉能遍入一切十方 於眞法性 而無
所動 願一切衆生 乘於一切諸佛法乘 示現受生 遍十方刹
而不失壞大乘之道

법계와 같이 가없이 깨끗한 계율을 지니기를 서원하며, 일체 중생이 인욕의 수레에 올라서 항상 중생에게 성내고 탁한 마음을 여의기를 서원하고, 일체 중생이 큰 정진으로 불퇴전의 수레에 올라서 뛰어난 행을 굳게 닦아 보리도에 나아가기를 서원하며, 일체 중생이 선정의 수레에 올라서 빨리 도량에 이르러 보리의 지혜를 증득하기를 서원하고, 일체 중생이 지혜롭고 공교한 방편의 수레에 올라서 화신이 일체 법계의 모든 부처님 경계에 가득하기를 서원하며, 일체 중생이 법왕의 수레에 올라서 두려움 없음을 성취하여 항상 일체 지혜의 법을 널리 은혜롭게 베풀기를 서원하고, 일체 중생이 집착할 바 없는 지혜의 수레에 올라서 일체 시방에 두루 다 들어가되 참다운 법성에 움직이는 바가 없기를 서원하며, 일체 중생이 일체 모든 불법의 수레에 올라서 수생함을 나타내 보여 시방 세계에 두루하되 대승의 도를 잃거나 무너뜨리지 않기를 서원하고,

願一切衆生 乘一切智最上寶乘 滿足普賢菩薩行願 而無
厭倦 是爲菩薩摩訶薩 以衆寶車 施諸福田 乃至貧窮孤露
之人 善根廻向 爲令衆生 具無量智 歡喜踊躍 究竟皆得
一切智乘故 佛子 菩薩摩訶薩 布施象寶 其性調順 七支
具足 年齒盛壯 六牙淸淨 口色紅赤 猶如蓮華 形體鮮白
譬如雪山 金幢爲飾 寶網羅覆 種種妙寶 莊嚴其鼻 見者
欣翫 無有厭足 超步萬里 曾不疲倦

일체 중생이 일체 지혜의 가장 위인 보배 수레에 올라서 보현보살의 서원행을 원만히 구족하여 싫어하거나 게으름이 없기를 서원하나이다.'라고 합니다.

이것을 보살마하살이 온갖 보배 수레로써 모든 복밭과 더 나아가서 빈궁하고 외로운 이들에게 보시하며 선근으로 회향하는 것이라 하니, 중생들로 하여금 한량없는 지혜를 갖추어서 뛸 듯이 기뻐하고 구경에 일체 지혜의 수레를 다 얻게 하려는 까닭입니다.

불자들이여, 보살마하살이 코끼리 보물을 보시하니 그 성품이 유순하고 일곱 가지[七支]*를 구족하며, 나이가 한창이고 여섯 어금니가 깨끗하며, 입술이 연꽃처럼 붉고 형체가 곱고 희어 마치 설산과 같으며, 금 당기로 장식하고 보배 그물을 덮었으며, 갖가지 묘한 보배로 그 코를 장엄하여 보는 이가 즐거워하고 싫어함이 없으며, 만 리를 빠르게 걸어도 일찍이 피로해 하거나 싫증내지 않습니다.

或復施與調良馬寶 諸相具足 猶如天馬 妙寶月輪 以爲光
飾 眞金鈴網 羅覆其上 行步平正 乘者安隱 隨意所往 迅
疾如風 遊歷四洲 自在無礙 菩薩 以此象寶馬寶 或奉養父
母 及善知識 或給施貧乏苦惱衆生 其心曠然 不生悔恪
但倍增欣慶 益加悲愍 修菩薩德 淨菩薩心 以此善根 如
是廻向 所謂願一切衆生 住調順乘 增長一切 菩薩功德
願一切衆生 得善巧乘

혹은 잘 길들인 말 보물을 보시하니 모든 상이 구족하여 마치 천상의 말과 같아서, 묘한 보배 달 바퀴로 빛나게 장식하고, 진금방울 그물을 그 위에 덮었으며, 다니는 걸음이 반듯하여 탄 이가 편안하고, 뜻대로 가는데 바람같이 빠르며, 사주(四洲)*로 다니되 자재하여 걸림이 없습니다.

보살이 이와 같은 코끼리와 말 보물로써, 혹은 부모와 선지식을 받들어 섬기고, 혹은 가난하고 괴로운 중생에게 보시하니, 그 마음이 관대하여 아끼거나 후회하지 않고 다만 경사스럽고 기뻐함이 배로 더하며, 불쌍히 여김이 더욱 더하여 보살의 덕을 닦고 보살의 마음을 청정하게 합니다.

이 선근으로써 이와 같이 회향하기를 '일체 중생이 도리에 맞는 수레에 머물러서 일체 보살의 공덕을 더욱 더하기를 서원하고, 일체 중생이 공교한 수레를 얻어서

能隨出生一切佛法 願一切衆生 得信解乘 普照如來無礙
智力 願一切衆生 得發趣乘 能普發興一切大願 願一切衆
生 具足平等波羅蜜乘 成滿一切平等善根 願一切衆生 成
就寶乘 生諸佛法無上智寶 願一切衆生 成就菩薩行莊嚴
乘 開敷菩薩諸三昧華 願一切衆生 得無邊速疾乘 於無數
劫 淨菩薩心 精勤思惟 了達諸法 願一切衆生 成就最勝
調順大乘 以善方便 具菩薩地

일체 불법을 따라 출생하기를 서원하며, 일체 중생이 믿
는 지혜의 수레를 얻어서 여래의 걸림 없는 지혜의 힘을
두루 비추기를 서원하고, 일체 중생이 뜻을 발하는 수레
를 얻어서 일체 대원을 널리 발하여 일으키기를 서원하
며, 일체 중생이 평등한 바라밀 수레를 구족하여서 일체
평등한 선근을 원만히 이루기를 서원하고, 일체 중생이
보배 수레를 성취하여서 모든 불법의 위 없는 지혜의 보
배를 내기를 서원하며, 일체 중생이 보살의 행으로 장엄
한 수레를 성취하여서 보살의 모든 삼매의 꽃을 열어 펼
치기를 서원하고, 일체 중생이 끝없이 빠른 수레를 얻어
서 셀 수 없는 겁에 보살의 마음을 청정하게 하고 부지런
히 사유하여 모든 법을 분명히 통달하기를 서원하며, 일
체 중생이 가장 뛰어나고 도리에 맞는 큰 수레를 성취하
여서 좋은 방편으로 보살의 지위를 갖추기를 서원하고,

願一切衆生 成最高廣堅固大乘 普能運載一切衆生 皆得
至於一切智位 是爲菩薩摩訶薩 施象馬時 善根廻向 爲令
衆生 皆得乘於無礙智乘 圓滿究竟 至佛乘故 佛子 菩薩
摩訶薩 布施座時 或施所處師子之座 其座高廣 殊特妙好
琉璃爲足 金縷所成柔軟衣服 以敷其上 建以寶幢 熏諸妙
香 無量雜寶莊嚴之具 以爲莊校 金網覆上 寶鐸風搖 出
妙音聲 奇珍萬計 周帀塡飾

일체 중생이 가장 높고 넓은 견고한 큰 수레를 갖추어서 일체 중생을 두루 실어 운반하여 다 일체 지혜의 자리에 이르르게 하기를 서원하나이다.'라고 합니다.

이것을 보살마하살이 코끼리와 말을 보시할 때 선근으로 회향하는 것이라 하니, 중생들로 하여금 다 걸림 없는 지혜의 수레에 올라서 구경에 부처님의 수레에 원만히 이르르게 하려는 까닭입니다.

불자들이여, 보살마하살이 자리를 보시할 때에 혹은 거처하던 사자좌를 보시하니, 그 자리는 높고 넓어 뛰어나게 특별하고 묘하게 아름다우며, 다리는 유리로 되어 있고, 금실로 이루어진 부드러운 의복을 그 위에 펼쳤으며, 보배 당기를 세우고, 모든 묘한 향을 풍기며, 한량 없는 여러 보배장엄구로 꾸미고, 금 그물을 위에 덮으며, 보배 방울이 바람에 흔들려 묘한 소리를 내고, 기이한 보배가 만 가지 방법으로 주위에 가득하게 꾸며져 있습니다.

一切臣民 所共瞻仰 灌頂大王 獨居其上 宣布法化 萬邦
遵奉 其王 復以妙寶嚴身 所謂普光明寶 帝青寶 大帝青
寶 勝藏摩尼寶 明淨如日 清涼猶月 周帀繁布 譬如衆星
上妙莊嚴 第一無比 海殊妙寶 海堅固幢寶 奇文異表 種
種莊嚴 於大衆中 最尊最勝 閻浮檀金離垢寶繒 以冠其首
享灌頂位 王閻浮提 具足無量大威德力 以慈爲主 伏諸怨
敵 敎令所行 靡不承順

일체 신하와 백성이 함께 우러러 보고, 관정한 대왕이 홀로 그 위에 앉아서 법으로 교화를 선포하니 만방에서 공경하여 받듭니다.

그 왕이 다시 묘한 보배로 몸을 장엄하니 이른바 보광명 보배와 제청 보배와 대제청 보배와 승장마니 보배로써, 해와 같이 밝고 청정하며 달과 같이 청량하고 많은 별과 같이 주위에 널리 펼쳐져서 비할 데 없이 제일가는 훌륭한 장엄이고, 바다의 수승하고 기묘한 보배와 바다의 견고당 보배들로 기이한 무늬를 뛰어나게 나타내어 갖가지로 장엄합니다.

대중 가운데 가장 존귀하고 가장 뛰어나서 염부단금*과 때를 여읜 보배비단을 그 머리에 쓰고, 관정한 지위를 누리며, 염부제의 왕이 되어 한량없는 큰 위덕의 힘을 구족하여 자비한 주인이 되고, 모든 원수와 적을 항복시켜 교화를 행하여서 받들고 순종하지 않음이 없습니다.

時 轉輪王 以如是等百千萬億無量無數寶莊嚴座 施於如
來第一福田 及諸菩薩眞善知識 賢聖僧寶說法之師 父母
宗親 聲聞獨覺 及以發趣菩薩乘者 或如來塔 乃至一切貧
窮孤露 隨其所須 悉皆施與 以此善根 如是廻向 所謂願
一切衆生 坐菩提座 悉能覺悟 諸佛正法 願一切衆生 處自
在座 得法自在 諸金剛山 所不能壞 能悉摧伏一切魔軍 願
一切衆生 得佛自在師子之座 一切衆生之所瞻仰 願一切
衆生 得不可說不可說種種殊妙寶莊嚴座

이때 전륜왕이 이와 같은 등의 한량없고 셀 수 없는 백천만 억의 보배로 장엄한 자리를 제일가는 복밭인 여래와 모든 보살과 참 선지식과 어질고 거룩한 승보와 법을 설하는 스승과 부모와 종친과 성문과 독각과 보살승에 나아가는 이와 혹 여래의 탑과 더 나아가서 일체 빈궁하고 외로운 이에게 보시하니 그 구하는 바를 따라서 다 보시하여 줍니다.

이 선근으로써 이와 같이 회향하기를 '일체 중생이 보리좌에 앉아서 모든 부처님의 바른 법을 깨닫기를 서원하고, 일체 중생이 자재한 자리에 머물러서 모든 금강산으로도 무너뜨릴 수 없는 법의 자재함을 얻어 일체 마군을 다 꺾어 항복받기를 서원하며, 일체 중생이 부처님의 자재한 사자좌를 얻어서 일체 중생이 우러러보는 바가 되기를 서원하고, 일체 중생이 불가설불가설 수의 갖가지 수승하고 묘한 보배로 장엄한 자리를 얻어서

於法自在 化導衆生 願一切衆生 得三種世間最殊勝座 廣
大善根之所嚴飾 願一切衆生 得周遍不可說不可說世界座
阿僧祇劫 歎之無盡 願一切衆生 得大深密福德之座 其身
充滿一切法界 願一切衆生 得不思議種種寶座 隨其本願
所念衆生 廣開法施 願一切衆生 得善妙座 現不可說諸佛
神通 願一切衆生 得一切寶座 一切香座 一切華座 一切
衣座 一切鬘座 一切摩尼座 一切琉璃等不思議種種寶座
無量不可說世界座 一切世間莊嚴清淨座

자재한 법으로 중생을 교화하여 인도하기를 서원하며, 일체 중생이 세 가지 세간[三種世間]*의 가장 수승한 자리를 얻어서 광대한 선근으로 장엄하기를 서원하고, 일체 중생이 불가설불가설 수의 세계에 두루 가득한 자리를 얻어서 아승기 수의 겁에 찬탄함이 다함 없기를 서원하며, 일체 중생이 크게 깊고 밀밀한 복덕의 자리를 얻어서 그 몸이 일체 법계에 가득하기를 서원하고, 일체 중생이 부사의한 갖가지 보배자리를 얻어서 본래의 원을 따라 생각하는 중생에게 법보시를 널리 열기를 서원하며, 일체 중생이 좋고 묘한 자리를 얻어서 불가설 수의 모든 부처님의 신통을 나타내기를 서원하고, 일체 중생이 일체 보배 자리와 일체 향 자리와 일체 꽃 자리와 일체 옷 자리와 일체 화만 자리와 일체 마니 자리와 일체 유리 등의 부사의한 갖가지 보배 자리와 무량 불가설 수의 세계 자리와 일체 세간을 청정하게 장엄한 자리와

一切金剛座 示現如來威德自在 成最正覺 是爲菩薩摩訶薩 施寶座時 善根廻向 爲令衆生 獲離世間大菩提座 自然覺悟一切佛法故 佛子 菩薩摩訶薩 施諸寶蓋 此蓋 殊特尊貴所用 種種大寶 而爲莊嚴 百千億那由他上妙蓋中 最爲第一 衆寶爲竿 妙網覆上 寶繩金鈴 周帀垂下 摩尼瓔珞 次第懸布 微風吹動 妙音克諧 珠玉寶藏 種種充滿 無量奇珍 悉以嚴飾

일체 금강 자리를 얻어서 여래의 자재한 위덕을 나타내
보여 최정각을 이루기를 서원하나이다.'라고 합니다.

이것을 보살마하살이 보배 자리를 보시할 때 선근으로
회향하는 것이라 하니, 중생들로 하여금 세간을 여의는
큰 보리좌를 얻어서 스스로 일체 불법을 깨닫게 하려는
까닭입니다.

불자들이여, 보살마하살이 모든 보배 일산을 보시하
니, 이 일산은 특별하게 뛰어나서 존귀한 곳에 사용하는
것으로 갖가지 큰 보배로 장엄하여 백천억 나유타 수의
훌륭한 일산 가운데 제일입니다.

온갖 보배가 장대가 되고, 묘한 그물을 위에 덮으며, 보
배끈과 금방울이 두루 아래로 드리웠고, 마니 영락이 차
례로 펼쳐져 매달려서 작은 바람만 불어도 움직여 묘한
소리가 극히 조화로우며, 주옥보배장이 갖가지로 가득
하고, 한량없는 기이한 보배로 모두 화려하게 장식하며,

栴檀沈水 妙香普熏 閻浮檀金 光明淸淨 如是無量百千億
那由他阿僧祇衆妙寶物 具足莊嚴 以淸淨心 奉施於佛 及
佛滅後所有塔廟 或爲法故 施諸菩薩 及善知識 名聞法師
或施父母 或施僧寶 或復奉施一切佛法 或施種種衆生福
田 或施師僧 及諸尊宿 或施初發菩提之心 乃至一切貧窮
孤露 隨有求者 悉皆施與

전단과 침수의 묘한 향기가 두루 풍기고, 염부단금의 광명이 청정합니다.

이와 같이 한량없는 백천억 나유타 아승기 수의 온갖 묘한 보물로 장엄을 구족하여서 청정한 마음으로 부처님과 부처님께서 열반하신 뒤 모든 탑묘에까지 받들어 보시합니다.

혹은 법을 위하여 모든 보살과 선지식과 이름난 법사에게 보시하고, 혹은 부모에게 보시하며, 혹은 승보에 보시하고, 혹은 일체 불법을 받들어 보시하며, 혹은 갖가지 중생의 복밭에 보시하고, 혹은 스승과 모든 존숙에게 보시하며, 혹은 처음 보리의 마음을 발한 이와 더 나아가서 일체 빈궁하고 외로운 이에게 보시하고, 구함이 있는 이를 따라 모두 다 보시하여 줍니다.

以此善根 如是廻向 所謂願一切衆生 勤修善根 以覆其身
常爲諸佛之所庇蔭 願一切衆生 功德智慧 以爲其蓋 永離
世間一切煩惱 願一切衆生 覆以善法 除滅世間塵垢熱惱
願一切衆生 得智慧藏 令衆樂見 心無厭足 願一切衆生
以寂靜白法 而自覆蔭 皆得究竟不壞佛法 願一切衆生 善
覆其身 究竟如來淸淨法身 願一切衆生 作周遍蓋 十力智
慧 遍覆世間 願一切衆生 得妙智慧 出過三世

이 선근으로써 이와 같이 회향하기를 '일체 중생이 부지런히 선근을 닦아 그 몸을 덮어서 항상 모든 부처님께서 보살펴 주시기를 서원하고, 일체 중생이 공덕과 지혜의 일산이 되어서 세간의 일체 번뇌를 영원히 여의기를 서원하며, 일체 중생이 착한 법에 덮여서 세간의 티끌과 뜨거운 번뇌를 멸하여 없애기를 서원하고, 일체 중생이 지혜의 보배장을 얻어서 중생들이 즐거이 보고 마음에 싫증냄이 없기를 서원하며, 일체 중생이 열반의 밝은 법으로 스스로를 덮어서 다 구경에 무너뜨릴 수 없는 불법을 얻기를 서원하고, 일체 중생이 그 몸을 잘 덮어서 구경에 여래의 청정한 법신이기를 서원하며, 일체 중생이 두루 한 일산이 되어서 십력과 지혜로 세간을 두루 덮기를 서원하고, 일체 중생이 묘한 지혜를 얻어서 삼세에 뛰어나

無所染着 願一切衆生 得應供蓋 成勝福田 受一切供 願
一切衆生 得最上蓋 獲無上智 自然覺悟 是爲菩薩摩訶薩
布施蓋時 善根廻向 爲令一切衆生 得自在蓋 能持一切諸
善法故 爲令一切衆生 能以一蓋 普覆一切虛空法界一切
刹土 示現諸佛自在神通 無退轉故 爲令一切衆生 能以一
蓋 莊嚴十方一切世界 供養佛故 爲令一切衆生 以妙幢幡
及諸寶蓋 供養一切諸如來故

물들거나 집착함이 없기를 서원하며, 일체 중생이 공양을 받을 만한 일산을 얻어서 수승한 복밭을 이루어 일체의 공양을 받기를 서원하고, 일체 중생이 최상의 일산을 얻어서 위 없는 지혜를 얻어 스스로 깨닫기를 서원하나이다.'라고 합니다.

이것을 보살마하살이 일산을 보시할 때 선근으로 회향하는 것이라 하니, 일체 중생으로 하여금 자재한 일산을 얻어서 일체 모든 착한 법을 지니게 하려는 까닭이고, 일체 중생으로 하여금 온통인 일산으로 일체 허공 법계를 두루 덮어서 일체 국토에 모든 부처님의 자재한 신통을 나타내 보여 퇴전함이 없게 하려는 까닭이며, 일체 중생으로 하여금 온통인 일산으로 시방 일체 세계를 장엄해서 부처님께 공양 올리게 하려는 까닭이고, 일체 중생으로 하여금 묘한 당기와 번기와 모든 보배 일산으로 일체 모든 여래께 공양 올리게 하려는 까닭이며,

爲令一切衆生 得普莊嚴蓋 遍覆一切諸佛國土 盡無餘
故 爲令一切衆生 得廣大蓋 普蓋衆生 皆令於佛 生信解
故 爲令一切衆生 以不可說衆妙寶蓋 供養一佛 於不可說
一一佛所 皆如是故 爲令一切衆生 得佛菩提高廣之蓋 普
覆一切諸如來故 爲令一切衆生 得一切摩尼寶莊嚴蓋 一
切寶瓔珞莊嚴蓋 一切堅固香莊嚴蓋 種種寶淸淨莊嚴蓋
無量寶淸淨莊嚴蓋 廣大寶淸淨莊嚴蓋 寶網彌覆 寶鈴垂
下 隨風搖動

일체 중생으로 하여금 두루 장엄한 일산을 얻어서 일체 모든 불국토를 두루 덮어 다 남음이 없게 하려는 까닭이고, 일체 중생으로 하여금 광대한 일산을 얻어서 중생을 두루 덮어 다 부처님께 믿는 지혜를 내게 하려는 까닭이며, 일체 중생으로 하여금 불가설 수의 온갖 묘한 보배 일산으로 한 부처님께 공양 올리게 하여 불가설 수의 한 분 한 분 부처님 계신 곳에도 다 이와 같이 하게 하려는 까닭이고, 일체 중생으로 하여금 부처님 보리의 높고 넓은 일산을 얻어서 일체 모든 여래를 두루 덮게 하려는 까닭이며, 일체 중생으로 하여금 일체 마니 보배로 장엄한 일산과 일체 보배 영락으로 장엄한 일산과 일체 견고한 향으로 장엄한 일산과 갖가지 보배로 청정하게 장엄한 일산과 한량없는 보배로 청정하게 장엄한 일산과 광대한 보배로 청정하게 장엄한 일산을 얻어서, 보배 그물로 널리 덮고 보배방울이 아래로 드리워져 바람을 따라 흔들려

出微妙音 普覆法界虛空界一切世界諸佛身故 爲令一切衆
生 得無障無礙智莊嚴蓋 普覆一切諸如來故 又欲令一切
衆生 得第一智慧故 又欲令一切衆生 得佛功德莊嚴故 又
欲令一切衆生 於佛功德 生淸淨欲願心故 又欲令一切衆
生 得無量無邊自在心寶故 又欲令一切衆生 滿足諸法自在
智故 又欲令一切衆生 以諸善根 普覆一切故 又欲令一切
衆生 成就最勝智慧蓋故

미묘한 소리를 내어서 법계와 허공계의 일체 세계 모든 부처님의 몸을 두루 덮게 하려는 까닭이고, 일체 중생으로 하여금 장애함이 없는 지혜로 장엄한 일산을 얻어서 일체 모든 여래를 두루 덮게 하려는 까닭이며, 또 일체 중생으로 하여금 제일의 지혜를 얻게 하려는 까닭이고, 또 일체 중생으로 하여금 부처님의 공덕 장엄을 얻게 하려는 까닭이며, 또 일체 중생으로 하여금 부처님의 공덕에 청정한 욕락과 서원의 마음을 내게 하려는 까닭이고, 또 일체 중생으로 하여금 한량없이 가없고 자재한 마음의 보배를 얻게 하려는 까닭이며, 또 일체 중생으로 하여금 모든 법에 자재한 지혜를 원만히 구족하게 하려는 까닭이고, 또 일체 중생으로 하여금 모든 선근으로 일체를 두루 덮게 하려는 까닭이며, 또 일체 중생으로 하여금 가장 뛰어난 지혜의 일산을 성취하게 하려는 까닭이고,

又欲令一切衆生 成就十力普遍蓋故 又欲令一切衆生 能以一蓋 彌覆法界諸佛利故 又欲令一切衆生 於法自在 爲法王故 又欲令一切衆生 得大威德自在心故 又欲令一切衆生 得廣大智 恒無絶故 又欲令一切衆生 得無量功德 普覆一切 皆究竟故 又欲令一切衆生 以諸功德 蓋其心故 又欲令一切衆生 以平等心 覆衆生故 又欲令一切衆生 得大智慧平等蓋故 又欲令一切衆生 具大廻向巧方便故 又欲令一切衆生 獲勝欲樂淸淨心故

또 일체 중생으로 하여금 십력을 널리 두루하는 일산을 성취하게 하려는 까닭이며, 또 일체 중생으로 하여금 한 일산으로 법계의 모든 부처님세계를 두루 덮게 하려는 까닭이고, 또 일체 중생으로 하여금 법에 자재하여 법왕이 되게 하려는 까닭이며, 또 일체 중생으로 하여금 큰 위덕과 자재한 마음을 얻게 하려는 까닭이고, 또 일체 중생으로 하여금 광대한 지혜를 얻어서 늘 끊어짐이 없게 하려는 까닭이며, 또 일체 중생으로 하여금 한량없는 공덕을 얻어 일체를 두루 덮어서 다 구경이게 하려는 까닭이고, 또 일체 중생으로 하여금 모든 공덕으로 그 마음을 덮게 하려는 까닭이며, 또 일체 중생으로 하여금 평등한 마음으로 중생을 덮게 하려는 까닭이고, 또 일체 중생으로 하여금 큰 지혜의 평등한 일산을 얻게 하려는 까닭이며, 또 일체 중생으로 하여금 큰 회향의 공교한 방편을 갖추게 하려는 까닭이고, 또 일체 중생으로 하여금 뛰어난 욕락과 청정한 마음을 얻게 하려는 까닭이며,

又欲令一切衆生 得善欲樂淸淨意故 又欲令一切衆生 得大廻向 普覆一切諸衆生故 佛子 菩薩摩訶薩 或施種種上妙幢幡 衆寶爲竿 寶繒爲幡 種種雜綵 以爲其幢 寶網垂覆 光色遍滿 寶鐸微搖 音節相和 奇特妙寶 形如半月 閻浮檀金 光踰曒日 悉置幢上 隨諸世界 業果所現 種種妙物 以爲嚴飾 如是無數千萬億那由他諸妙幢幡 接影連輝 遞相間發 光明嚴潔 周遍大地 充滿十方虛空法界一切佛刹

또 일체 중생으로 하여금 좋은 욕락과 청정한 뜻을 얻게 하려는 까닭이고, 또 일체 중생으로 하여금 큰 회향을 얻어서 일체 모든 중생을 두루 덮게 하려는 까닭입니다.

불자들이여, 보살마하살이 혹은 갖가지 제일 훌륭한 당기와 번기를 보시하니, 온갖 보배가 장대가 되고 보배 비단이 번기가 되며 갖가지 여러 비단이 그 당기가 되고 보배 그물을 드리워 덮어서 광채가 두루 가득하며, 보배 방울이 작게 흔들려도 음절이 서로 조화롭고, 기묘하고 특별한 보배는 모양이 반달과 같으며, 염부단금 빛이 해보다 더 밝게 모두 당기 위에 베풀어지고, 모든 세계의 업과를 따라 나타나는 갖가지 묘한 물건으로 화려하게 장식합니다.

이와 같이 셀 수 없는 천만억 나유타 수의 모든 묘한 당기와 번기가 잇따라 뒤섞여진 그림자와 빛이 번갈아 펼쳐지고, 광명이 엄정하고 깨끗하며 대지에 두루하여 시방 허공 법계의 일체 부처님세계에 가득합니다.

菩薩摩訶薩 淨心信解 以如是等無量幢幡 或施現在一切
諸佛 及佛滅後所有塔廟 或施法寶 或施僧寶 或施菩薩諸
善知識 或施聲聞 及辟支佛 或施大衆 或施別人 諸來求
者 普皆施與 以此善根 如是廻向 所謂願一切衆生 皆能
建立一切善根福德幢幡 不可毀壞 願一切衆生 建一切法
自在幢幡 尊重愛樂 勤加守護 願一切衆生 常以寶繒 書寫
正法 護持諸佛菩薩法藏

보살마하살이 청정한 마음으로 믿고 알아 이와 같은 등의 한량없는 당기와 번기로써, 혹은 현재의 일체 모든 부처님과 부처님 열반하신 뒤 모든 탑묘에 보시하고, 혹은 법보에 보시하며, 혹은 승보에 보시하고, 혹은 보살과 모든 선지식에게 보시하며, 혹은 성문과 벽지불에게 보시하고, 혹은 대중에게 보시하며, 혹은 다른 사람에게 보시하되, 와서 구하는 모든 이에게 두루 다 보시합니다.

이 선근으로써 이와 같이 회향하기를 '일체 중생이 다 일체 선근과 복덕의 당기와 번기를 세워서 훼손되거나 무너지지 않기를 서원하고, 일체 중생이 일체 법에 자재한 당기와 번기를 세워서 존중하고 좋아하고 즐거워하여 부지런히 수호함을 더하기를 서원하며, 일체 중생이 항상 보배비단에 바른 법을 글로 써서 모든 불보살의 법의 보배장을 보호하여 지니기를 서원하고,

願一切衆生 建高顯幢 燃智慧燈 普照世間 願一切衆生 立
堅固幢 悉能摧殄一切魔業 願一切衆生 建智力幢 一切諸
魔 所不能壞 願一切衆生 得大智慧那羅延幢 摧滅一切世
間慢幢 願一切衆生 得智慧日大光明幢 以智日光 普照法界
願一切衆生 具足無量寶莊嚴幢 充滿十方一切世界 供養
諸佛 願一切衆生 得如來幢 摧滅一切九十六種外道邪見

일체 중생이 높은 당기를 세워서 지혜의 등을 밝혀 세간을 두루 비추기를 서원하며, 일체 중생이 견고한 당기를 세워서 일체 마군의 업을 다 꺾어 멸하기를 서원하고, 일체 중생이 지혜의 힘 당기를 세워서 일체 모든 마군이 무너뜨리지 못하게 하기를 서원하며, 일체 중생이 큰 지혜의 나라연 당기를 얻어서 일체 세간의 교만한 당기를 꺾어 없애기를 서원하고, 일체 중생이 지혜의 태양인 큰 광명의 당기를 얻어서 지혜의 햇빛으로 법계를 두루 비추기를 서원하며, 일체 중생이 한량없는 보배로 장엄한 당기를 구족해서 시방 일체 세계에 가득한 모든 부처님께 공양 올리기를 서원하고, 일체 중생이 여래의 당기를 얻어서 일체 96종 외도의 삿된 소견을 꺾어 없애기를 서원하나이다.'라고 합니다.

是爲菩薩摩訶薩 施幢幡時 善根廻向 爲令一切衆生 得甚
深高廣菩薩行幢 及諸菩薩神通行幢 淸淨道故 佛子 菩薩
摩訶薩 開衆寶藏 以百千億那由他諸妙珍寶 給施無數一
切衆生 隨意與之 心無悋惜 以諸善根 如是廻向 所謂願
一切衆生 常見佛寶 捨離愚癡 修行正念 願一切衆生 皆
得具足法寶光明 護持一切諸佛法藏 願一切衆生 能悉攝
受一切僧寶 周給供養 恒無厭足 願一切衆生 得一切智無
上心寶 淨菩提心 無有退轉

이것을 보살마하살이 당기와 번기를 보시할 때 선근으로 회향하는 것이라 하니, 일체 중생으로 하여금 심히 깊고 높고 넓은 보살행의 당기와 모든 보살의 신통행의 당기로 청정한 도를 얻게 하려는 까닭입니다.

　불자들이여, 보살마하살이 온갖 보배장을 열어 백천억 나유타 수의 모든 묘하고 진귀한 보배로써, 셀 수 없는 일체 중생에게 보시하여 주되 뜻대로 주면서도 아끼는 마음이 없습니다.

　모든 선근으로써 이와 같이 회향하기를 '일체 중생이 항상 불보를 친견하여서 어리석음을 여의어 버리고 정념으로 닦아 행하기를 서원하며, 일체 중생이 모두 구족한 법보 광명을 얻어서 일체 모든 불법의 보배장을 보호하여 지니기를 서원하고, 일체 중생이 모두 일체 승보를 거두어 받들어서 두루 공양하여 항상 싫어하고 싫증냄이 없기를 서원하며, 일체 중생이 일체 지혜의 위 없는 마음 보배를 얻어서 보리의 마음을 깨끗이 하되 퇴전함이 없기를 서원하고,

願一切衆生 得智慧寶 普入諸法 心無疑惑 願一切衆生
具足菩薩諸功德寶 開示演說無量智慧 願一切衆生 得於
無量妙功德寶 修成正覺十力智慧 願一切衆生 得妙三昧
十六智寶 究竟成滿廣大智慧 願一切衆生 成就第一福田
之寶 悟入如來無上智慧 願一切衆生 得成第一無上寶王
以無盡辯 開演諸法 是爲菩薩摩訶薩 施衆寶時 善根廻向
爲令一切衆生 皆得成滿第一智寶 如來無礙淨眼寶故

일체 중생이 지혜의 보배를 얻어서 모든 법에 널리 들어가되 마음에 의혹이 없기를 서원하며, 일체 중생이 보살의 모든 공덕 보배를 구족해서 한량없는 지혜를 널리 펴설하여 열어 보이기를 서원하고, 일체 중생이 한량없이 묘한 공덕의 보배를 얻어서 정각의 십력과 지혜를 닦아 이루기를 서원하며, 일체 중생이 묘한 삼매와 열여섯 가지 지혜의 보배를 얻어서 구경에는 광대한 지혜를 원만히 이루기를 서원하고, 일체 중생이 제일가는 복밭의 보배를 성취해서 여래의 위 없는 지혜에 깨달아 들어가기를 서원하며, 일체 중생이 제일의 위 없는 보배왕이 되어서 다함이 없는 변재로 모든 법을 열어 널리 펴기를 서원하나이다.'라고 합니다.

이것을 보살마하살이 온갖 보배를 보시할 때 선근으로 회향하는 것이라 하니, 일체 중생으로 하여금 제일의 지혜 보배와 여래의 걸림 없는 깨끗한 눈의 보배를 원만히 이루게 하려는 까닭입니다.

佛子 菩薩摩訶薩 或以種種妙莊嚴具 而爲布施 所謂一切
身莊嚴具 令身淨妙 靡不稱可 菩薩摩訶薩 等觀一切世間
衆生 猶如一子 欲令皆得身淨莊嚴 成就世間最上安樂 佛
智慧樂 安住佛法 利益衆生 以如是等百千億那由他種種
殊妙寶莊嚴具 勤行布施 行布施時 以諸善根 如是廻向
所謂願一切衆生 成就無上妙莊嚴具 以諸淸淨功德智慧
莊嚴人天 願一切衆生 得淸淨莊嚴相

불자들이여, 보살마하살이 혹은 갖가지 묘한 장엄구로
써 보시하니, 일체 몸의 장엄구로 몸을 깨끗하고 아름답
게 하여 어울리지 않음이 없습니다.

보살마하살이 일체 세간의 중생을 마치 외아들과 같이
평등하게 관하여 모든 몸을 깨끗이 장엄하고자, 세간의
가장 위인 편안한 즐거움과 부처님 지혜의 낙을 성취하
고 불법에 편히 머물러서 중생을 이익 되게 합니다.

이와 같은 등의 백천억 나유타 수의 갖가지 특별하고
묘한 보배 장엄구로써 부지런히 보시를 행합니다.

보시를 행할 때에 모든 선근으로써 이와 같이 회향하
기를 '일체 중생이 위 없이 묘한 장엄구를 성취하여서
모든 청정한 공덕과 지혜로 인간과 천상을 장엄하기를
서원하고, 일체 중생이 청정하게 장엄한 상호를 얻어서

以淨福德 莊嚴其身 願一切衆生 得上妙莊嚴相 以百福相
莊嚴其身 願一切衆生 得不雜亂莊嚴相 以一切相 莊嚴其
身 願一切衆生 得善淨語言莊嚴相 具足種種無盡辯才 願
一切衆生 得一切功德聲莊嚴相 其音淸淨 聞者喜悅 願一
切衆生 得可愛樂諸佛語言莊嚴相 令諸衆生 聞法歡喜 修
淸淨行 願一切衆生 得心莊嚴相 入深禪定 普見諸佛 願
一切衆生 得總持莊嚴相

깨끗한 복덕으로 그 몸을 장엄하기를 서원하며, 일체 중생이 가장 훌륭하게 장엄한 상호를 얻어서 온갖 복된 상호로 그 몸을 장엄하기를 서원하고, 일체 중생이 잡되거나 어지럽지 않은 장엄한 상호를 얻어서 일체 상호로 그 몸을 장엄하기를 서원하며, 일체 중생이 선하고 깨끗한 언어로 장엄한 상호를 얻어서 갖가지 다함이 없는 변재를 구족하기를 서원하고, 일체 중생이 일체 공덕의 음성으로 장엄한 상호를 얻어서 그 음성이 청정하여 듣는 이들이 즐거워하기를 서원하며, 일체 중생이 좋아하고 즐거워하는 모든 부처님의 말씀으로 장엄한 상호를 얻어서 모든 중생으로 하여금 법을 듣고 환희하여 청정한 행을 닦게 하기를 서원하고, 일체 중생이 마음으로 장엄한 상호를 얻어서 깊은 선정에 들어가 널리 모든 부처님을 친견하기를 서원하며, 일체 중생이 총지로 장엄한 상호를 얻어서

照明一切諸佛正法 願一切衆生 得智慧莊嚴相 以佛智慧
莊嚴其心 是爲菩薩摩訶薩 惠施一切莊嚴具時 善根廻向
爲令衆生 具足一切無量佛法 功德智慧 圓滿莊嚴 永離一
切憍慢放逸故 佛子 菩薩摩訶薩 以受灌頂自在王位 摩尼
寶冠 及髻中珠 普施衆生 心無悋惜 常勤修習 爲大施主
修學施慧 增長捨根 智慧善巧 其心廣大 給施一切

일체 모든 부처님의 바른 법을 밝게 비추기를 서원하고, 일체 중생이 지혜로 장엄한 상호를 얻어서 부처님의 지혜로써 그 마음을 장엄하기를 서원하나이다.'라고 합니다.

　이것을 보살마하살이 일체 장엄구를 은혜롭게 보시할 때 선근으로 회향하는 것이라 하니, 중생들로 하여금 일체 한량없는 불법을 구족하여서 공덕과 지혜로 원만하게 장엄하여 영원히 일체 교만함과 방일함을 여의게 하려는 까닭입니다.

　불자들이여, 보살마하살이 관정을 받은 자재한 왕위와 마니보배 관과 상투 가운데 구슬을 중생에게 두루 보시하니, 마음에 아낌이 없고 늘 부지런히 닦아 익혀 큰 시주가 되며, 보시하는 지혜를 배우고 닦아 근(根)에서 베품을 더욱 더하여, 공교로운 지혜와 광대한 마음으로 일체를 보시하여 줍니다.

以彼善根 如是廻向 所謂願一切衆生 得諸佛法之所灌頂
成一切智 願一切衆生 具足頂髻 得第一智 到於彼岸 願
一切衆生 以妙智寶 普攝衆生 皆令究竟功德之頂 願一切
衆生 皆得成就智慧寶頂 堪受世間之所禮敬 願一切衆生
以智慧冠 莊嚴其首 爲一切法自在之王 願一切衆生 智慧
明珠 繫其頂上 一切世間 無能見者 願一切衆生 皆悉堪
受世間頂禮 成就慧頂 照明佛法 願一切衆生 首冠十力莊
嚴之冠 智慧寶海 清淨具足

저 선근으로써 이와 같이 회향하기를 '일체 중생이 모든 불법으로 관정함을 얻어서 일체 지혜를 이루기를 서원하고, 일체 중생이 정상육계를 구족하여서 제일의 지혜를 얻어 피안에 이르르기를 서원하며, 일체 중생이 묘한 지혜의 보배로 중생을 두루 거두어서 공덕의 정수리가 다 구경에 이르르기를 서원하고, 일체 중생이 다 지혜의 보배 정수리를 성취하여서 세간의 예경을 받을 수 있게 되기를 서원하며, 일체 중생이 지혜의 관으로 그 머리를 장엄하여서 일체 법에 자재한 왕이 되기를 서원하고, 일체 중생이 지혜의 밝은 구슬을 그 정수리 위에 매어서 일체 세간에서는 볼 수 없는 자이기를 서원하며, 일체 중생이 모두 다 세간의 정례를 받을 수 있는 지혜의 정수리를 성취하여서 불법을 밝게 비추기를 서원하고, 일체 중생이 십력으로 장엄한 관을 머리에 써서 지혜의 보배 바다가 청정히 구족되기를 서원하며,

願一切衆生 至大地頂 得一切智 究竟十力 破欲界頂 諸
魔眷屬 願諸衆生 得成第一無上頂王 獲一切智光明之頂
無能映奪 是爲菩薩摩訶薩 施寶冠時 善根廻向 爲令衆生
得第一智最淸淨處智慧摩尼妙寶冠故 佛子 菩薩摩訶薩
見有衆生 處在牢獄黑暗之處 杻械枷鎖 檢繫其身 起坐不
安 衆苦競集 無有親識 無歸無救 裸露飢羸 酸劇難忍

일체 중생이 대지의 정상에 이르러서 일체 지혜를 얻어 구경에 십력으로 욕계 정상의 모든 마의 권속을 무너뜨리기를 서원하고, 모든 중생이 제일의 위 없는 정수리 왕이 되어서 일체 지혜 광명의 정수리를 얻어 덮어 가리거나 빼앗을 수 없기를 서원하나이다.'라고 합니다.

이것을 보살마하살이 보배 관을 보시할 때 선근으로 회향하는 것이라 하니, 중생들로 하여금 제일가는 지혜로 가장 청정한 곳에서 지혜 마니의 묘한 보배 관을 얻게 하려는 까닭입니다.

불자들이여, 보살마하살이 어떤 중생이 캄캄하고 어두운 감옥에 처해 수갑과 형틀과 칼과 족쇄로 그 몸이 묶여 있어서, 일어서고 앉음마저 편안하지 못하고, 온갖 고통이 몰려들며, 친한 이와 아는 이도 없고, 돌아갈 곳도 없으며, 구해줄 이도 없어서, 헐벗고 굶주리며 고통이 혹독하여 참기 어려워 하는 것을 봅니다.

菩薩 見已 捨其所有一切財寶 妻子眷屬 及以自身 於牢獄
中 救彼衆生 如大悲菩薩 妙眼王菩薩 既救度已 隨其所
須 普皆給施 除其苦患 令得安隱然後 施以無上法寶 令
捨放逸 安住善根 於佛敎中 心無退轉 佛子 菩薩摩訶薩
於牢獄中 救衆生時 以諸善根 如是廻向 所謂願一切衆生
究竟解脫貪愛纏縛 願一切衆生 斷生死流 昇智慧岸 願一
切衆生 除滅愚癡 生長智慧 解脫一切煩惱纏縛

보살이 보고서는 그 가진 일체 재물과 보배와 처자와 권속과 자기의 몸까지 베풀어서 감옥에 들어가 마치 대비보살과 묘안왕보살과 같이 그 중생을 구제합니다.

이미 구제하여서는 그 필요한 바를 따라 두루 다 보시하여 주고, 그 괴로움과 근심을 없애서 편안함을 얻게 한 연후에 위 없는 법의 보배를 보시하며, 방일함을 버리고 선근에 편히 머물러서 부처님의 가르침 가운데 마음에 퇴전함이 없게 합니다.

불자들이여, 보살마하살이 감옥의 중생을 구제할 때에 모든 선근으로써 이와 같이 회향하기를 '일체 중생이 탐심과 애욕의 번뇌에서 구경에 해탈하기를 서원하고, 일체 중생이 나고 죽음의 윤회를 끊어서 지혜의 언덕에 오르기를 서원하며, 일체 중생이 어리석음을 없애고 지혜를 길러서 일체 번뇌에서 해탈하기를 서원하고,

願一切衆生 滅三界縛 得一切智 究竟出離 願一切衆生
永斷一切煩惱結縛 到無煩惱無障礙地智慧彼岸 願一切
衆生 離諸動念 思惟分別 入於平等不動智地 願一切衆生
脫諸欲縛 永離世間一切貪欲 於三界中 無所染着 願一切
衆生 得勝志樂 常蒙諸佛 爲說法門 願一切衆生 得無着
無縛解脫心 廣大如法界 究竟如虛空 願一切衆生 得菩薩
神通 一切世界 調伏衆生 令離世間 住於大乘

일체 중생이 삼계의 속박을 멸하고 일체 지혜를 얻어서 구경이라 함마저 벗어나기를 서원하며, 일체 중생이 모든 번뇌의 결박을 영원히 끊어서 번뇌도 없고 장애도 없는 지위인 지혜의 피안에 이르르기를 서원하고, 일체 중생이 모든 움직이는 생각과 사유와 분별을 여의어서 평등하고 움직임이 없는 지혜의 지위에 들어가기를 서원하며, 일체 중생이 모든 욕심의 속박에서 벗어나서 세간의 일체 탐욕을 영원히 여의어 삼계 가운데에 물들거나 집착하는 바가 없기를 서원하고, 일체 중생이 뛰어난 뜻의 즐거움을 얻어서 항상 모든 부처님의 설하시는 법문을 받들기를 서원하며, 일체 중생이 집착함이 없고 묶임이 없는 해탈의 마음을 얻어서 광대하기가 법계와 같고 구경에 허공과 같기를 서원하고, 일체 중생이 보살의 신통을 얻어서 일체 세계의 중생을 조복 받아 세간을 여의고 대승에 머물기를 서원하나이다.' 라고 합니다.

是爲菩薩摩訶薩 救度牢獄苦衆生時 善根廻向 爲令衆生
普入如來智慧地故 佛子 菩薩摩訶薩 見有獄囚 五處被縛
受諸苦毒 防衛驅逼 將之死地 欲斷其命 捨閻浮提一切樂
具 親戚朋友 悉將永訣 置高磇上 以刀屠割 或用木槍 豎
貫其體 衣纏油沃 以火焚燒 如是等苦 種種逼迫 菩薩 見
已 自捨其身 而代受之 如阿逸多菩薩 殊勝行王菩薩 及餘
無量諸大菩薩 爲衆生故 自捨身命 受諸苦毒

이것을 보살마하살이 감옥에서 고통받는 중생을 제도할 때 선근으로 회향하는 것이라 하니, 중생들로 하여금 널리 여래 지혜의 지위에 들게 하려는 까닭입니다.

불자들이여, 보살마하살이 옥에 갇힌 죄수가 오체[五處]를 결박당하여 모든 고통을 받으며 옥졸이 강제로 사지에 끌고가 그 목숨을 끊고자 할 때에, 염부제의 일체 즐길 거리를 버리고 친척과 벗들과도 모두 영원히 이별하며, 높은 다듬잇돌 위에 올려져 칼로 베이고 혹은 나무창을 써서 그 몸을 꿰뚫으며, 옷으로 싸고 기름을 부어 불로 태우니, 이와 같은 등의 고통과 갖가지 핍박을 봅니다.

보살이 보고서는 스스로 그 몸을 버려 대신 받으려 하기를 마치 아일다보살과 수승행왕보살과 그 밖의 한량없는 모든 큰 보살과 같이 중생을 위하여 스스로 몸과 목숨을 버리고 모든 고통을 받습니다.

菩薩 爾時 語主者言 我願捨身 以代彼命 如此等苦 可以
與我 如治彼人 隨意皆作 設過彼苦 阿僧祇倍 我亦當受
令其解脫 我若見彼 將被殺害 不捨身命 救贖其苦 則不名
爲住菩薩心 何以故 我爲救護一切衆生 發一切智菩提心
故 佛子 菩薩摩訶薩 自捨身命 救衆生時 以諸善根 如是
迴向 所謂願一切衆生 得無斷盡究竟身命 永離一切災橫
逼惱 願一切衆生 依諸佛住 受一切智 具足十力菩提記莂

보살이 이때 옥주(獄主)에게 말하기를 '내가 몸을 버려서 저 목숨을 대신할 것이니 저 고통을 나에게 주어 저 사람을 처벌하듯이 모두 뜻대로 하라. 설사 저 고통이 아승기수의 배를 넘을지라도 내가 또한 마땅히 받고 그로 하여금 벗어나게 할 것이다.

내가 만약 저 사람이 살해 당하는 것을 보고도 몸과 목숨을 버려 그 고통을 대신 받아서 구제하지 않으면, 곧 보살심에 머무른다고 이름하지 못할 것이다. 왜냐하면 내가 일체 중생을 구호하기 위하여 일체 지혜의 보리심을 발하였기 때문이다.'라고 합니다.

불자들이여, 보살마하살이 스스로 몸과 목숨을 버려 중생을 구제할 때에 모든 선근으로써 이와 같이 회향하기를 '일체 중생이 끊어짐이 없는 구경의 몸과 목숨을 얻어서 일체 재난과 횡액과 핍박과 괴로움을 영원히 여의기를 서원하고, 일체 중생이 모든 부처님의 머무름을 의지해서 일체 지혜를 받아 십력과 보리의 수기*를 구족하기를 서원하며,

願一切衆生 普救含識 令無怖畏 永出惡道 願一切衆生 得
一切命 入於不死智慧境界 願一切衆生 永離怨敵 無諸厄
難 常爲諸佛善友 所攝 願一切衆生 捨離一切刀劍兵仗諸
惡苦具 修行種種淸淨善業 願一切衆生 離諸怖畏 菩提樹
下 摧伏魔軍 願一切衆生 離大衆怖 於無上法 心淨無畏
能爲最上大獅子吼 願一切衆生 得無障礙獅子智慧 於諸
世間 修行正業 願一切衆生 到無畏處 常念救護諸苦衆生

일체 중생이 널리 중생을 구제해서 두려움과 악도에서 영원히 벗어나기를 서원하고, 일체 중생이 일체의 생명을 얻어서 죽지 않는 지혜의 경계에 들어가기를 서원하며, 일체 중생이 원수와 적을 영원히 여의어서 모든 액난이 없어 항상 모든 부처님과 착한 벗이 거두어 주는 바가 되기를 서원하고, 일체 중생이 일체 칼과 검과 병장기와 모든 악한 고통거리를 여의어 버려서 갖가지 청정하고 착한 업을 닦아 행하기를 서원하며, 일체 중생이 모든 두려움을 여의어서 보리수 아래에서 마군을 꺾어 항복 받기를 서원하고, 일체 중생이 대중을 두려워함을 여의어서 위 없는 법에 두려움이 없는 청정한 마음으로 가장 위인 큰 사자후를 하기를 서원하며, 일체 중생이 장애가 없는 사자의 지혜를 얻어서 모든 세간에서 정업을 닦아 행하기를 서원하고, 일체 중생이 두려움 없는 곳에 이르러서 항상 모든 괴로운 중생을 구호하려는 생각을 하기를 서원하나이다.'라고 합니다.

是爲菩薩摩訶薩 自捨身命 救彼臨刑諸獄囚時 善根廻向
爲令衆生 離生死苦 得於如來上妙樂故

이것을 보살마하살이 스스로 몸과 목숨을 버려서 저 형벌에 처해 옥에 갇힌 죄수를 모두 구제할 때 선근으로 회향하는 것이라 하니, 중생들로 하여금 나고 죽음의 고통을 여의어서 여래의 가장 훌륭한 낙을 얻게 하려는 까닭입니다.”

# 대원선사 결문

## 대원선사 결문(決文)

문 : 보살마하살이 위로는 부처님의 경지를 구하고 아래
　　로는 윤회하는 중생들을 구제하는 데 있어서 이 26
　　권의 회향의 경지를 어찌해야 빨리 이루겠습니까?

답 : 그것은 얼마만큼 본래의 마음이 내가 된 삶이냐 하
　　는 것인데, 십회향에 있어서도 겨우 절반을 넘어선
　　경지이다.
　　온전히 넘어선 경지에 이르르고 싶은가?


　　가섭존자 인도의 초조이시고
　　혜가대사 중국의 초조이시며
　　보우선사 해동의 초조이시네

# ∽ 미주

* 거두어 지니어 : 원문에 섭지(攝持)는 거두어 지닌다는 뜻이다. 그 외에 지니다, 소유하다, 포함하다, 보호하여 지키다, 끌어모으다 등의 뜻이 있다.

* 구경위(究竟位) : 보살이 부처가 되기까지의 다섯가지 단계인 오위(五位)의 마지막 단계. 최상의 깨달음에 도달한 부처의 경지를 말한다.

* 사주(四洲) : 수미산의 사방에 있는 네 개의 대주. 남을 중심으로 하여 남을 섬부주, 동을 숭신주, 서를 우화주, 북을 구로주라 일컫는다.

* 세 가지 세간〔三種世間〕 : ①중생세간(衆生世間) - 부처님을 제한 다른 일체 중생. ②기세간(器世間) - 중생이 살고 있는 국토. ③지정각세간(智正覺世間) - 교화를 받는 중생과 그들이 의지하고 사는 기세간에 대하여 능히 교화하는 불신(佛身)을 가르키는 말.

* 수기〔記莂〕 : 부처가 수행하는 사람에 대하여 미래에 성불할 시기, 국토, 불명, 수명 따위를 낱낱이 구별하여 예언하는 일.

* 염부단금(閻浮檀金) : 염부나무 사이를 흐르는 강에서 나오는 사금 또는 염부나무 밑에 있는 금덩어리.

* 일곱 가지〔七支〕 : 코끼리의 다리는 네개, 귀가 두개, 코가 하

나인데 이를 모두 합쳐 일곱 가지라고 한다.

* 허공신(虛空身) : 허공과 같이 이름도 없고 상도 없으며 걸림없이 자재한 몸을 말한다. 삼세간 십신의 하나이며, 비로자나여래의 신상(身相)이다.

부록 1

불조정맥

# 불조정맥 (佛祖正脈)

## 🪷 인 도

교조 석가모니불 (敎祖 釋迦牟尼佛)

1조 마하가섭 (摩訶迦葉)

2조 아난다 (阿難陀)

3조 상나화수 (商那和脩)

4조 우바국다 (優波鞠多)

5조 제다가 (堤多迦)

6조 미차가 (彌遮迦)

7조 바수밀 (婆須密)

8조 불타난제 (佛陀難堤)

9조 복타밀다 (伏馱密多)

10조 파율습박(협) (波栗濕縛, 脇)

11조 부나야사 (富那夜奢)

12조 아나보리(마명) (阿那菩堤, 馬鳴)

13조 가비마라 (迦毗摩羅)

14조 나가르주나(용수) (那閼羅樹那, 龍樹)

15조 가나제바 (迦那堤波)

16조 라후라타 (羅睺羅陀)

17조 승가난제 (僧伽難提)

18조 가야사다 (迦耶舍多)

19조 구마라다 (鳩摩羅多)

20조 사야다 (闍夜多)

21조 바수반두 (婆修盤頭)

22조 마노라 (摩拏羅)

23조 학륵나 (鶴勒那)

24조 사자보리 (師子菩堤)

25조 바사사다 (婆舍斯多)

26조 불여밀다 (不如密多)

27조 반야다라 (般若多羅)

28조 보리달마 (菩堤達磨)

✿ 중 국

29조 신광 혜가 ( 2 조 神光 慧可)

30조 감지 승찬 ( 3 조 鑑智 僧璨)

31조 대의 도신 ( 4 조 大醫 道信)

32조 대만 홍인 ( 5 조 大滿 弘忍)

33조 대감 혜능 ( 6 조 大鑑 慧能)

34조 남악 회양 ( 7 조 南嶽 懷讓)

35조 마조 도일 ( 8 조 馬祖 道一)

36조 백장 회해 ( 9 조 百丈 懷海)

37조 황벽 희운 (10조 黃蘗 希雲)

38조 임제 의현 (11조 臨濟 義玄)

39조 흥화 존장 (12조 興化 存奬)

40조 남원 혜옹 (13조 南院 慧顒)

41조 풍혈 연소 (14조 風穴 延沼)

42조 수산 성념 (15조 首山 省念)

43조 분양 선소 (16조 汾陽 善昭)

44조 자명 초원 (17조 慈明 楚圓)

45조 양기 방회 (18조 楊岐 方會)

46조 백운 수단 (19조 白雲 守端)

47조 오조 법연 (20조 五祖 法演)

48조 원오 극근 (21조 圓悟 克勤)

49조 호구 소륭 (22조 虎丘 紹隆)

50조 응암 담화 (23조 應庵 曇華)

51조 밀암 함걸 (24조 密庵 咸傑)

52조 파암 조선 (25조 破庵 祖先)

53조 무준 사범 (26조 無準 師範)

54조 설암 혜랑 (27조 雪岩 慧郎)

55조 급암 종신 (28조 及庵 宗信)

56조 석옥 청공 (29조 石屋 淸珙)

## 🪷 한 국

57조 태고 보우 ( 1 조 太古 普愚)

58조 환암 혼수 ( 2 조 幻庵 混脩)

59조 구곡 각운 ( 3 조 龜谷 覺雲)

60조 벽계 정심 ( 4 조 碧溪 淨心)

61조 벽송 지엄 ( 5 조 碧松 智儼)

62조 부용 영관 ( 6 조 芙蓉 靈觀)

63조 청허 휴정 ( 7 조 淸虛 休靜)

64조 편양 언기 ( 8 조 鞭羊 彦機)

65조 풍담 의심 ( 9 조 楓潭 義諶)

66조 월담 설제 (10조 月潭 雪霽)

67조 환성 지안 (11조 喚醒 志安)

68조 호암 체정 (12조 虎巖 體淨)

69조 청봉 거안 (13조 靑峰 巨岸)

70조 율봉 청고 (14조 栗峰 靑杲)

71조 금허 법첨 (15조 錦虛 法沾)

72조 용암 혜언 (16조 龍巖 慧言)

73조 영월 봉율 (17조 詠月 奉律)

74조 만화 보선 (18조 萬化 普善)

75조 경허 성우 (19조 鏡虛 惺牛)

76조 만공 월면 (20조 滿空 月面)

77조 전강 영신 (21조 田岡 永信)

78대 대원 문재현 (22대 大圓 文載賢)

# 대원 문재현 선사님
# 인가 내력

# 대원 문재현 선사님 인가 내력

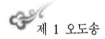
제 1 오도송

이 몸을 끄는 놈 이 무슨 물건인가?
골똘히 생각한 지 서너 해 되던 때에
쉬이하고 불어온 솔바람 한 소리에
홀연히 대장부의 큰 일을 마치었네

무엇이 하늘이고 무엇이 땅이런가
이 몸이 청정하여 이러-히 가없어라
안팎 중간 없는 데서 이러-히 응하니
취하고 버림이란 애당초 없다네

하루 온종일 시간이 다하도록
헤아리고 분별한 그 모든 생각들이

옛 부처 나기 전의 오묘한 소식임을
듣고서 의심 않고 믿을 이 누구인가!


此身運轉是何物
疑端汨沒三夏來
松頭吹風其一聲
忽然大事一時了


何謂靑天何謂地
當體淸淨無邊外
無內外中應如是
小分取捨全然無


一日於十有二時
悉皆思量之分別
古佛未生前消息
聞者卽信不疑誰


　　대원 문재현 선사님의 스승이신 불조정맥 제77조 조계종(曹溪宗)
전강(田岡) 대선사님께서 1962년 대구 동화사의 조실로 계실 당시
대원 문재현 선사님께서도 동화사에 함께 머무르고 계셨다.
　　하루는, 전강 대선사님께서 대원 선사님의 3연으로 되어 있는 제
1오도송을 들어 깨달은 바는 분명하나 대개 오도송은 짧게 짓는다

고 말씀하셨다. 이에 대원 선사님께서는 제1오도송을 읊은 뒤, 도솔암을 떠나 김제들을 지나다가 석양의 해와 달을 보고 문득 읊었던 제2오도송을 일러드렸다.

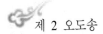
제 2 오도송

해는 서산 달은 동산 덩실하게 얹혀 있고
김제의 평야에는 가을빛이 가득하네
대천이란 이름자도 서지를 못하는데
석양의 마을길엔 사람들 오고 가네

日月兩嶺載同模
金提平野滿秋色
不立大千之名字
夕陽道路人去來

제2오도송을 들으신 전강 대선사님께서는 이에 그치지 않고 그와 같은 경지를 담은 게송을 이 자리에서 즉시 한 수 지어볼 수 있겠냐고 하셨다. 대원 선사님께서는 곧바로 다음과 같이 읊으셨다.

바위 위에는 솔바람이 있고

산 아래에는 황조가 날도다
대천도 흔적조차 없는데
달밤에 원숭이가 어지러이 우는구나

岩上在松風
山下飛黃鳥
大千無痕迹
月夜亂猿啼


전강 대선사님께서는 위 송의 앞의 두 구를 들으실 때만 해도 지
그시 눈을 감고 계시다가 뒤의 두 구를 마저 채우자 문득 눈을 뜨
고 기뻐하는 빛이 역력하셨다.

그러나 전강 대선사님께서는 여기에서도 그치지 않고 다시 한 번
물으셨다.

"대중들이 자네를 산으로 불러내고 그중에 법성(향곡 스님 법제자
인 진제 스님. 동화사 선방에 있을 당시에 '법성'이라 불렸고, 나중에 '법
원'으로 개명하였다.)이 달마불식(達磨不識) 도리를 일러보라 했을 때
'드러났다'라고 답했다는데, 만약에 자네가 당시의 양무제였다면
'모르오'라고 이르고 있는 달마 대사에게 어떻게 했겠는가?"

대원 선사님께서 답하셨다.

"제가 양무제였다면 '성인이라 함도 서지 못하나 이러-히 짐의
덕화와 함께 어우러짐이 더욱 좋지 않겠습니까?' 하며 달마 대사의

손을 잡아 일으켰을 것입니다.”

전강 대선사님께서 탄복하며 말씀하셨다.

“어느새 그 경지에 이르렀는가?”

“이르렀다곤들 어찌 하며, 갖추었다곤들 어찌 하며, 본래라곤들 어찌 하리까? 오직 이러-할 뿐인데 말입니다.”

대원 선사님께서 연이어 말씀하시자 전강 대선사님께서 이에 환희하시니 두 분이 어우러진 자리가 백아가 종자기를 만난 듯, 고수 명창 어울리듯 화기애애하셨다.


달마불식 공안에 대한 위의 문답은 내력이 있는 것이다. 전강 대선사님께서 대원 선사님을 부르기 며칠 전에, 저녁 입선 시간 중에 노장님 몇 분만이 자리에 앉아있을 뿐 자리가 텅텅 비어 있었다고 한다.

대원 선사님께서 이상히 여기고 있던 중, 밖에서 한 젊은 수좌가 대원 선사님을 불렀다. 그 수좌의 말이 스님들이 모두 윗산에 모여 기다리고 있으니 가자고 하기에 무슨 일인가 하고 따라가셨다.

그러자 그 자리에 있던 법성 스님이 보자마자 달마불식 법문을 들고 이르라고 하기에 지체없이 답하셨다.

“드러났다.”

곁에 계시던 송암 스님께서 또 안수정등 법문을 들고 물으셨다.

“여기서 어떻게 살아나겠소?”

대뜸 큰소리로 이르셨다.

"안·수·정·등."

이에 좌우에 모인 스님들이 함구무언(緘口無言)인지라 대원 선사님께서는 먼저 그 자리를 떠나 내려와 버리셨다.

그 다음날 입승인 명허 스님께서 아침 공양이 끝난 자리에서 지난 밤 입선시간 중에 무단으로 자리를 비운 까닭을 묻는 대중 공사를 붙여 산 중에서 있었던 일들이 낱낱이 드러나고 말았다. 그리하여 입선시간 중에 자리를 비운 스님들은 가사 장삼을 수하고 조실인 전강 대선사님께 참회의 절을 했던 일이 있었다.

전강 대선사님께서는 이때에 대원 선사님께서 달마불식 도리에 대해 일렀던 경지를 점검하셨던 것이다.

이런 철저한 검증의 자리가 있었던 다음 날, 전강 대선사님께서 부르시기에 대원 선사님께서 가보니 주지인 월산(月山) 스님께서 모든 것이 약조된 데에서 입회해 계셨으며 전강 대선사님께서는 곧바로 다음과 같이 전법게(傳法偈)를 전해주셨다.

 전 법 게

부처와 조사도 일찍이 전한 것이 아니거늘
나 또한 어찌 받았다 하며 준다 할 것인가
이 법이 2천년대에 이르러서
널리 천하 사람을 제도하리라

佛祖未曾傳
我亦何受授
此法二千年
廣度天下人

덧붙여 이 일은 월산 스님이 증인이며 2000년까지 세 사람 모두 절대 다른 사람이 알게 하거나 눈에 띄게 하지 않아야 한다고 당부하셨다.

만약 그러지 않을 시에는 대원 선사님께서 법을 펴 나가는데 장애가 있을 것이라고 예언하셨다. 또한 각별히 신변을 조심하라 하시고 월산 스님에게 명령해 대원 선사님을 동화사의 포교당인 보현사에 내려가 교화에 힘쓰게 하셨다.

대원 선사님께서 보현사로 떠나는 날, 전강 대선사님께서는 미리 적어두셨던 부송(付頌)을 주셨으니 다음과 같다.

 부 송

어상을 내리지 않고 이러-히 대한다 함이여
뒷날 돌아이가 구멍 없는 피리를 불리니
이로부터 불법이 천하에 가득하리라

不下御床對如是
後日石兒吹無孔
自此佛法滿天下

위의 송의 '어상을 내리지 않고 이러-히 대한다 함이여'라는 첫째 줄 역시 내력이 있는 구절이다.

전에 대원 선사님께서 전강 대선사님을 군산 은적사에서 모시고 계실 당시 마당에서 홀연히 마주쳤을 때 다음과 같은 문답이 있었다.

전강 대선사님께서 물으셨다.

"공적(空寂)의 영지(靈知)를 이르게."

대원 선사님께서 대답하셨다.

"이러-히 스님과 대담(對談)합니다."

"영지의 공적을 이르게."

"스님과의 대담에 이러-합니다."

"어떤 것이 이러-히 대담하는 경지인가?"

"명왕(明王)은 어상(御床)을 내리지 않고 천하 일에 밝습니다."

위와 같은 문답 중에 대원 선사님께서 답하신 경지를 부송의 첫째 줄에 담으신 것이다.

전강 대선사님께서 대원 선사님을 인가(印可)하신 과정을 볼 때 한 번, 두 번, 세 번을 확인하여 철저히 점검하신 명안종사의 안목에 탄복하지 않을 수 없으며 이에 끝까지 1초의 머뭇거림도 없이 명철하셨던 대원 선사님께 찬탄하지 않을 수 없다.

그리하여 법열로 어우러진 두 분의 자리가 재현된 듯 함께 환희 용약하지 않을 수 없다.

이제 전강 대선사님과 약속한 2천년대를 맞이하였으므로 여기에 전법게를 밝힌다.

이로써 경허, 만공, 전강 대선사님으로 내려온 근대 대선지식의 정법의 햇불이 이 시대에 이어져 전강 대선사님의 예언대로 불법 이 천하에 가득할 것이다.

# 21세기에
# 인류가 해야 할 일

# 21세기에 인류가 해야 할 일

이 사람은 1962년 26세 때부터 21세기에 인류에게 닥칠 공해문제, 에너지문제를 예견하고 대체에너지(무한원동기, 태양력, 파력, 풍력 등) 개발과 '울 안의 농법'을 연구하고 그 필요성을 많은 이들에게 이야기해 왔습니다.

당시에는 너무 시대를 앞서가는 이야기여서인지 일반인들이 수용하지 못하고 오히려 불신의 눈으로 바라보며 이 사람의 법마저 의심하였습니다. 하지만 현대에 있어서는 이것이 인류가 해결해야 할 가장 절박한 사안이 되어 있습니다.

'사막화방지 국제연대'를 설립한 것도 현재 인류가 해결해야 할 가장 절박한 지구환경문제를 이슈화시키고 그 해결책을 제시하여 재앙에 직면한 지구촌을 살리기 위해서입니다.

'사막화방지 국제연대'에서 추진하고 있는 사막화 방지, 지구 초원화, 대체에너지 개발은 온 인류가 발 벗고 나서서 해야 할 일입니다.

첫째 사막화 방지에 있어서 기존에 해왔던 '나무심기 사업'은 천문학적인 예산과 많은 인력을 동원하고도 극도로 황폐한 사막화된 환경을 되살리는 데 실패하였습니다.

그래서 이 사람은 사막화 방지에 있어서는 '사막 해수로 사업'을 새로운 방안으로 제시하였습니다.

사막 해수로 사업은 사막화된 지역에 수도관을 매설하여 바닷물을 끌어들여서 염분에 강한 식물을 중심으로 자연생태계를 복원하는 사업입니다.

이것은 나무심기 사업으로 심은 나무들이 절대적으로 물이 부족하여 생존할 수 없었던 문제를 해결할 수 있는, 현재로서는 유일한 해결책입니다.

그러나 '사막화방지 국제연대'의 목적은 사막이 확장되는 것을 방지하자는 것이지 사막 전체를 완전히 없애자는 것은 아닙니다. 인체에서 심장이 모든 피를 전신의 구석구석까지 골고루 보내어 살아서 활동하게 하듯이 사막은 오히려 지구의 심장 역할을 하는 중요한 곳이기 때문입니다.

그래서 21세기에 있어서는 다만 사막의 확장을 방지할 뿐 아니라 사막을 어떻게 운용하느냐를 연구해야 합니다.

사막에 바둑판처럼 사방이 막힌 플룸관 수로를 설치하여 동, 서, 남, 북 어느 방향의 수로를 얼마만큼 채우느냐 비우느냐에 따라, 사막으로부터 사방 어느 방향으로든 거리까지 조절하여, 원하는 지역에 비를 내리게 하고 그치게 할 수 있습니다. 철저히 과학적인

데이터에 의해 이렇게 사막을 운용함으로써 21세기의 지구를 풍요
로운 낙원시대로 만들어가야 합니다.

둘째로 지구를 초원화할 수 있는 방안으로서 3년간의 실험을 통
해, 광활한 황무지 지역을 큰 비용을 들이거나 많은 인력을 동원하
지 않고도 짧은 시간 내에 초지로 바꿀 수 있는 식물을 찾아냈습
니다.

그것은 바로 '돌나물'입니다. 돌나물은 따로 종자를 심을 필요가
없이 헬리콥터나 비행기로 살포해도 생존, 번식할 수 있으며, 추위
와 더위, 황폐한 땅에서도 살아남을 수 있는 생명력과 번식력이 강
한 식물입니다.

지구환경을 되살리는 초지조성 사업에 있어서 이것이 큰 도움이
되리라 생각합니다.

셋째의 대체에너지 개발에 있어서는 태양력, 파력, 풍력 등 1962
년도부터 이 사람이 연구하고 얘기해왔던 방법들이 이미 많이 개
발되어 실용화한 단계에 있습니다.

이 세 가지 일은 한 개인이나 한 국가가 할 수 있는 일이 아닙니
다. 모든 국가가 앞장서서 전 세계적인 사업으로 이루어져야 합니
다. 모든 국가가 함께 한 기금조성이 이루어져야 하고 기금조성에
참여한 국가는 이 시스템에 의한 전면적인 혜택을 입을 수 있도록
해야 합니다.

인류 모두가 지혜를 모아 이 일에 전력을 다한다면 인류는 유사
이래 가장 좋은 시절을 맞이하게 될 것이며, 만약 이 일을 남의 일

인 양 외면한다면 극한의 재앙을 면할 수 없을 것입니다.

이 사람이 오래 전부터 얘기해왔던 '울 안의 농법'은 이미 미국 라스베이거스(Las Vegas)에서 30층짜리 '고층 빌딩 농장'으로 구현되었습니다. 그렇게 크게도 운영될 수 있지만 각자 자신의 집에서 이루어지는 '울 안의 농법'도 필요합니다.

21세기에 있어서 또 하나 인류가 만일의 사태를 대비해서 연구, 추진해야 될 일이 있다면 바닷속에서의 수중생활, 수중경작입니다.

지구가 심하게 온난화될 경우, 공기가 너무 많이 오염될 경우, 바닷물이 높아져 살 땅이 좁아질 경우 등에 대비할 때, 인류는 우주에서의 삶보다는 바닷속에서의 삶을 준비해야 합니다. 왜냐하면 그것이 훨씬 수월하고 비용도 절감할 수 있기 때문입니다.

이렇게 깨달은 이는 이변적으로는 깨달음을 얻게 하여 영생불멸의 삶을 영위할 수 있도록 만인을 이끌어야 하며 사변적으로는 일반인이 예측할 수 없는 백 년, 천 년 앞을 내다보아 이를 미리 앞서 대비하도록 만인의 삶을 이끌어줘야 한다고 생각합니다.

불법의 뜻은 다만 진리 전수에만 있는 것이 아니니, 만인이 서로 함께 영원한 극락을 누릴 때까지 물심양면으로, 이사일여로 베풀어 교화해야 하기 때문입니다.

부록 4

# 가슴으로 부르는
# 불심의 노래

여기에 실린 것들은 모두 대원 문재현 선사님께서 직접 작사하신 곡들이다.

　수행의 길로 들어서게끔 신심, 발심을 북돋아주는 곡으로부터 수행의 길로 접어든 이의 구도의 몸부림이 담겨있는 곡, 대승의 원력을 발해서 교화하는 보살의 자비심과 함께 낙원 세계를 누리는 풍류를 그려놓은 곡까지 가사 한마디, 한마디가 생생하여 그 뜻이 뼛속 깊이 새겨지고 그 멋에 흠뻑 취하게 된다.

　대원 문재현 선사님께서는 거칠고 말초적인 요즘의 노래를 듣고 이러한 정서를 순화시키고자, 또한 수행의 마음을 진작시키고자 하는 뜻에서 이 곡들을 작사하셨다.

## 🪷 가슴으로 부르는 불심의 노래 - 악보 목록

### 1집

1. 서원가  148
2. 반조 염불가  149
3. 소중한 삶  150
4. 석가모니불  151
5. 맹서의 노래  152
6. 염원의 노래  153
7. 음성공양  154
8. 발심가  155
9. 자비의 품  156
10. 부처님 은혜 1  157
11. 보살의 은혜  158
12. 이 생에 해야 할 일  159
13. 구도의 목표  160
14. 님은 아시리  161
15. 부처님 은혜 2  162
16. 성중성인 오셨네  163
17. 내 문제는 내가 풀자 1  164
18. 즐거운 밤  165
19. 관음가  166

### 2집

1. 부처님  167
2. 열반재일  168
3. 성도재일  169
4. 석굴암의 노래  170
5. 님의모습  171
6. 믿고 따르세  173
7. 신명을 다하리  174
8. 부처님께 바치는 마음  175
9. 감사합니다  176
10. 교화가  177
11. 섬진강 소초  179
12. 권수가 1  180
13. 권수가 2  182
14. 우란분재일  184
15. 고맙습니다  185
16. 믿음으로 여는 세상  186
17. 출가재일  187
18. 염원  188
19. 우리네 삶, 고운 수로  189
20.숲속의 마음  190

## 🪷 기타 노래 목록

사색   191
천부경을 아시나요   192
보살가  193

# 서원가

작사 문재현
작곡 배신영
노래 홍노경

느리게

참 나를 깨달아서 보림을 하고 다가올 내 앞날의
보살의 가는 길이 험난타 해도 맹세코 초지 일관
중생이 끝이 없다 말들을 해도 보현의 만행 다해

서원이라 네 기어코 육바라밀 성취를 하여 –
서원이라 네 구류를 그릇 따라 깨닫게 하여 –
제도를 하여 유정과 무정 모두 다 한 그 날이 –

불보살 님 큰 은 – 혜 – 에 보 – 답 하 – 면 서
스승님의 큰 은 – 혜 – 에 보 – 답 하 – 면 서
삼보님의 큰 은 – 혜 – 를 갚 – 는 날 – 이 니

영원히 구제의 길 나는 – 가 리 – 라
영원히 구제의 길 나는 – 가 리 – 라
영원히 구제의 길 나는 – 가 리 – 라

Fine

# 반조 염불가

작사 문재현
작곡 배신영
노래 홍노경

느리게

님께서 베푸신 자비의 은혜 오늘
본래에 드러난 나인걸 몰라 낙원

도 감사한맘 어찌 잊으리
을 고해로서 사 는 삶이니

가르침 따름만 이 살길이란 다짐으로 간
가르침 따름만 이 살길이란 다짐으로 반

절 히시시때때 회광반조 아미타불 백
조 의아미타불 나도잊은 삼매의앎 깨

팔 염주일상화로 기어이 크게깨쳐 크나
닿 기에좋은때 니 기어이 원을이뤄 금생

큰 님 의은혜 갚으리라아미타 불
에 구제중생 불은갚길아미타 불

Fine

# 소중한 삶

작사 문재현
작곡 배신영
노래 홍노경

# 석가모니불

작사 문재현
작곡 배신영
노래 홍노경

국악가요

# 맹서의 노래

작사 문재현
작곡 배신영
노래 홍노경

느리게

# 염원의 노래

작사 문재현
작곡 배신영
노래 홍노경

느리게

부록4 - 가슴으로 부르는 불심의 노래    153

# 음성공양

작사 문재현
작곡 배신영
노래 홍노경

느리게

부처
누리
님 그 사랑 속의 우리는 행복이로세 세월
위 빛이신 당신 오심은 영광이로세 나를

흐름 깊은만큼 젖어든- 나의이행복 이
깨운 반야- 의 지-혜- 닦아이뤄서 님

세 상의- 모든 분들 부처님 사랑에- 젖고 젖어봐요 젖
의 은혜- 보답하는 그 서원 다하는- 초지일관으로 구

은 만치 복- 되- 고 행복을 누리리니 오
류 중생멸- 도- 해 이 세 상이-대로를 낙

는- 나날 그자체그대로가 낙원- 이 길 서
원- 으로 이루어 함께누릴 그 날- 오 길 합

원 하는 기 도- 로- 써 음성
장 기 도 노 래- 로- 써 음성

공 양 올리 오니 - 다    Fine
공 양 올리 오니 - 다

# 발심가

작사 문재현
작곡 배신영
노래 홍노경

보사노바

우 - 리 네 한 세 상 -   보 람 찬 삶 - 으 로 -
참 - 나 를 깨 달 아 -   보 림 을 하 - 고 요 -
본 - 연 - 한 몸 의 -   능 력 을 베 - 풀 어 -
눈 - 깜 박 하 는 새 -   한 세 상 다 - 가 고 -

바 꾸 기 위 - 하 여 -   닦 아 들 봅 - 시 다 -
자 비 심 발 - 하 여 -   구 제 길 나 - 서 서 -
극 - 락 세 - 계 -   장 엄 을 하 - 구 요 -
부 귀 와 공 - 명 은 -   잠 시 의 꿈 - 이 라 -

청 춘 - 홍 안 이 -   얼 마 나 길 - 던 가 -
중 생 들 세 계 에 -   고 통 을 없 - 애 어 -
둥 실 - 두 둥 실 -   누 리 기 위 - 하 여 -
이 러 한 되 풀 이 -   금 생 에 끝 - 내 어 -

꿈 꾸 는 사 - 이 에 -   백 발 이 된 - 다 네 -
극 락 이 되 - 도 록 -   최 선 을 다 - 하 세 -
오 늘 의 어 - 려 움 -   극 복 을 해 - 내 세 -
윤 회 의 사 슬 에 서 -   벗 어 나 납 - 시 다 -

1-2절 D.C
3-4절

# 자비의 품

작사 문재현
작곡 배신영
노래 홍노경

느리게

# 부처님 은혜 1

작사 문재현
작곡 배신영
노래 홍노경

느리게

# 보살의 은혜

작사 문재현
작곡 배신영
노래 홍노경

느리게

파 - 도 에  실려 떠가 는  낙엽같이 살아가는 인 생 -

구 원 코 자 - 따라주 며  같이 하는 자 - 비 인데 -

제 안경 에  보인대 로  말 들 - 하 - 지 - 만 -
눈 이 멀 고  귀 가먹 은  저 들 - 이 - 지 - 만 -

못 들 은 척 - 모르는 척  최 - 선 - 다하 - 리
황소 처럼 - 지장 처 럼  최 - 선 - 다하 - 리

바 - 른 눈  바 - 른 맘 통 쾌 - 히 열 어 라 -
지 - 혜 눈  지 - 혜 맘 통 쾌 - 히 열 어 라 -

아 - 아  아 - 아  그 - 날 - 이
아 - 아  아 - 아  그 - 날 - 이

그 - 날 이  오 기 만 을 기 다 리 는 마 - 음 -
그 - 날 이  오 기 만 을 기 다 리 는 마 - 음 -

# 이 생에 해야 할 일

작사 문재현
작곡 배신영
노래 홍노경

# 구도의 목표

작사 문재현
작곡 배신영
노래 홍노경

느리게

# 님은 아시리

작사 문재현
작곡 배신영
노래 홍노경

Moderato ♩ = 100

사계 절의- 풍광 인들- 위 로- 되-겠-니
같이- 되지 않아- 기 도-에 -젖-은

- 서 사 시의- 음률 인들- 쉬-어 지-겠-니 - 뜻과
이

마음- 님-은- 아 시 리- 한 세 상 열
청 춘 의 모

정 쏟- 아 닦는 수 행길- 불 보 살님 출 현 하 셔 베
든 욕- 망 사 뤄 버 리고- 회 광 반 조 촌 각 아 낀 열

푼 자-비-에- 모 든 망 상- 모 -든 번-
정 쏟-아-서- 이 룬 선 정- 그 -효 력-

뇌 없었으 면 좋으련 만 마음대로- 안 되 는게 - 수행이 더
이 있었으 면 좋으련 만 마음대로- 안되 는게 - 보림이 더

라 수행이 더라 - 마음대로- 안되 는게- 수행이더 라 수행이 더라-
라 보림이 더라 -

D.S. al Coda

Fine

부록4 - 가슴으로 부르는 불심의 노래 161

# 부처님 은혜 2

작사 문재현
작곡 배신영
노래 홍노경

느리게

낙엽이지고 국향-이 질 을 땐 - 부처 님의고고한 - 말씀 법계화되 고

대승보살 나투어 - 그릇 따라 - 베 푼 법문에 만난 사 - 람 -

모두가 깨쳐 두타보림- 수행을하 여 있는그곳 -극락 이어서 -

걸음걸 음 상쾌한 가 슴 - 입가에 미 - 소

언제나 번 - 지 - 는 대자유삶누 릴지어 - 다 - 고맙

습 니다 - 참 - 고맙습니 다 촌각인들 부 처 님 은 혜

그어찌 한들 - 잊을 날있으 리 불은갚 는그날 - 까지 는 서원

향 해 - 뛸 - 것- 입니다 - 서원향해 다할 것입니 - 다-

Fine

# 성중성인 오셨네

(초파일노래)

작사 문재현
작곡 배신영
노래 홍노경

음력 사월 초 - 파일은 - 온누리의 제 - 일이신 - 성중
음력 사월 초 - 파일은 - 온누리의 제 - 일이신 - 성중

성인 - 부 - 처 님이 - 이땅 위에 오 - 신 날 - 괴로
성인 - 부 - 처 님이 - 이땅 위에 오 - 신 날 - 너를

움을 낙원으로 - 어두 움을 - 광명 으 - 로 바꾸
알 란 그가르 - 침 - 펼치 려고 - 오심 이 - 니 자아

러 - 는 숙 - 원 - 을 시작하 신날 - 너나 없 이 모두
완 - 성 이룩 - 해 우리이 땅 - 이대로 를 낙원

함 께 - 경축 하세 모두 함께경축하 - 세 - 모두
으로 - 누려보 세 낙원 으로누려 보 - 세 -

함 께 경축하 - 세 -

# 내 문제는 내가 풀자 1

작사 문재현
작곡 배신영
노래 홍노경

조금빠르게

가사:

문제 그 뉘라서 풀어 주랴 내
없는 이 보고 인 자신에 - 서 사

일은 - 내가 풀어 야지 누
고와 - 명상 깊이 다해 깨

구에 - 게 빌지를 말 - 자 지
달아 - 서 누리 며 살 - 자 지

금이 어느때인데 허공향해구걸하랴 -
금의 때에맞는삶 모 두함께웃고 사세 -

다함 D.S

Fine

# 즐거운 밤

작사 문재현
작곡 배신영
노래 홍노경

산  사의 - 연-등불빛 - 아롱다롱 - 한들한들 -
그윽한 울림속의 - 모두가 정-성 -
맘모은 축하속꿈실은 - 발원의 미 소를지으며
즐겁게노래하면 - 아롱다롱 연등 불도 흥겨웁고 - 자비
한  여래품의 포근한 이한밤
을  석 가 모 니 불 - 석가모니불 - 나 -
무  석 - 가 - 모 니 - 불 -

Fine

# 관음가

작사 문재현
작곡 배신영
노래 홍노경

꽃을 보아도 먼 산을 보아도 그리움그리움이 - 더 해 -

진 - 관 - 세 - 음 관 - 세 - 음 은 -

포 - 근 한 아 - 아 - 품 이 - 랍 니 - 다 -

기 쁠 때 에 도 어 - 려 울 때 에 도 자 애

로 다 가 오 셔 - 서 힘 - 이 되 -

신 관 - 세 음 관 세 음 은 - 포 근 한 - 품 - 이 랍 니

- 다 -

Fine

조금빠르게 ♩=130

2xbis

V

166  화엄경 26권

# 부처님

작사 문재현
작곡 배신영
노래 채연희

# 열반재일

작사 문재현
작곡 배신영
노래 채연희

# 성도재일

작사 문재현
작곡 배신영
노래 채연희

찬양합니다 찬양합니다 도이루심찬양합니 다
맹세합니다 맹세합니다 부처님의 뒤를이어 서

이 세상에 그 어떤- 일인들이보다 기쁘고거룩한일
생 사 고 통 영원히- 면하게이끄신 봉화의바른불빛

있 - 으 - 리 그 옛 날 의 오 늘 이 룬
지 - 혜 - 로 어 둔 그 늘 모 두 밝 혀

부 처 님 의 광 명 지 혜 없 었 다 - 면
부 처 님 의 세 상 으 로 바 꿔 놓 - 는

중 생 들 - 이 생 사 고 통 면 할 길 을
그 일 에 - 서 제 일 가 는 모 습 보 여

감 히 어 찌 알 았 으 리 감 사 합 니 다
부 처 님 의 은 혜 갚 음 지 켜 보 소 서

감 사 합 니 다
지 켜 보 소 서

# 석굴암의 노래

작사 문재현
작곡 배신영
노래 채연희

그윽히 내려 트인   높고높은산기슭에
태초의이마음이   무명으로경계이뤄

명월보다밝은 모습   근엄도하셔 라 뵈옵
꿈의세상이어 져서   이런삶됐 지 만 거룩

는 그순간 티끌번뇌   사라지니 한없
한 가르침 깊이새긴   실천으로 일상

이 고요하여 지-순한   마음일세 이마음
의 시시때때 생활화가   되는그날 이세상

속세에 있을때 도 지속되 면   거치른 이세상도 태평세
이대로가 정-토 의 세상되 어   노래와 춤으로써 길이길

계 될것일 세
이 즐길걸 세

간 주

D.C.

Fine

# 님의모습

작사 문재현
작곡 배신영
노래 채연희

무 지 개 를　　　타 － 고　나 － 툰 － 모 －
나 에 게 서.　　　깨 － 워　주 － 신 － 모 －
그 대 로　가　　　유 － 마　묵 － 연 － 마 －

습
습
음

**Fine**

# 믿고 따르세

작사 문재현
작곡 배신영
노래 채연희

고 - 해일 - 러　　낙원이라 한　　불보 - 살님그 - 말씀 의
참 - 나깨 - 친　　밝은지혜 로　　선행 - 닦아사 - 상없 는

진 실한 경지　　알 려 - 거든　　보고듣 는　　그 곳향 해
일 상의 생활　　이 루 - 는날　　고 해일 러　　낙 원이 란

명 - 상하 - 게　　명 상 - 으로분 - 별
말 - 씀의 - 뜻　　내 - 뜻 - 되 - 어

망 상없 - 어지 고　　고요로움　　극 해지 면
큰 웃음을 - 껄껄짓 고　　대장부로　　삼 계구 할

불 멸의 나깨 - 치　네
서 원세 위행 - 하　리

Fine

# 신명을 다하리

작사 문재현
작곡 배신영
노래 채연회

# 부처님께 바치는 마음

작사 문재현
작곡 배신영
노래 채연희

# 감사합니다

작사 문제현
작곡 배신영
노래 채연희

감사합니다 환영합니다 이땅위에오신것을 -
나를깨우려 대자대비로 이땅위에오셨기에 -

축하합니다 경축합니다 성중성인오신것을 -
우리모두가 감사함으로 우러러서받듭니다 -

손에손을 - 서로잡고 - 모두함께 즐거워서 -
손에손을 - 서로잡고 - 노래하고 춤을추며 -

발걸음도 - 가벼웁게 - 춤을춥 - 니다 -
나날마다 - 오늘같길 - 기도합 - 니다 -

춤 을 춥 - 니 다 -
기 도 합 - 니 다 -

# 교화가

작사 문재현
작곡 배신영
노래 채연희

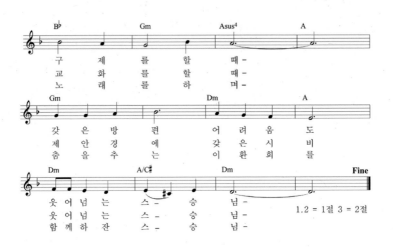

구 제 를 할 때 —
교 화 를 할 때 —
노 래 를 하 며 —

갖 은 방 편 어 려 움 도
제 안 경 에 갖 은 시 비
춤 을 추 는 이 환 회 를

웃 어 넘 는 스 — 승 님 —
웃 어 넘 는 스 — 승 님 —
함 께 하 잔 스 — 승 님 —

1.2 = 1절 3 = 2절

# 섬진강 소초

작사 문재현
작곡 배신영
노래 채연희

Slow GoGo ♩ = 84

광양-포구 팔십-리의 거룻배에몸을실 고
하동-포구 팔십-리에 거룻배를띄위놓 고

석 양 노 을 고 운 빛 에 물 새 도 맘 읽 누 나
노 을 들 어 법 문 하 니 어 우 러 진 웃 음 이 네

광 양 하 동 어 우 름 의 한 결 같 은 섬 진 강 은
이 위 력 이 세 상 그 늘 모 두 거 둬 열 린 세 상

머 언 머 언 그 날 에 도 오 늘 처 럼 - 흐 르 리 라
평 등 낙 원 누 림 으 로 노 래 하 며 - 살 게 되 리

우 리 도 저 런 맘 길 이 지 녀 누 리 며 사 세
그 날 을 위 한 삶 모 두 함 께 노 력 해 사 세

Fine

# 권수가 1

작사 문재현
작곡 배신영
노래 채연희

아니아니- 닦지는 못하리라 - 일 분과 일 각 - 도 -
아니아니- 닦지는 못하리라 - 한송이 떨어진 꽃을낙화 진 다 고

허 - 송하지말게 눈 - 감 아 - 뜨 는사이백 - 발 과 주 름일세 -
서러워마라한번 피 - 었 다 - 꽃 이지듯우리저렇듯 지 고 마 는 -

어 서수행을하여영원한 참 나 를알고사 - 세 -
슬 픈나날이흘러흘 - 러 흘 러만가니어이하 리 -

이 것 이것 이것이뭐 꼬 뭐 꼬 라고한 - 이것이 뭐
차 착각 - 저초침소 리 검 은옷으로 - 다 가오

꼬 - 보 일듯이아니보이 고
는 - 저 승의사자소 - 리

# 권수가 2

작사 문재현
작곡 배신영
노래 채연희

아니아니 닦지는 못하리라 — 적적요요달밝은 — 밤에 —
아니아니 닦지는 못하리라 — 어지러운번뇌 — 망 — 상 —

단정히눈을감은 깊은삼매 — 대상없는낙에취해 짓는미소 —
털 — 고 이룬보리마음모든속박 — 다떨치고호연지기를 누리는데 —

한산습득이즐겨누리는 그낙이아니던 — 가 —
송죽바람솔솔향기 그윽하고 — 그윽하 네 —

모두들 — 저런낙을 — 누리려거든 — 닦고닦
산새도 — 노래하니 — 너도좋고 — 나도좋

소 — 삼세모든불보살님 도
다 — 삼세제불무현금 — 에

두타의수행을 인내로써 하루하루를 수행해왔던
역－대조－사 무공적의 명－월삼경 이좋은밤을

결실로－얻어진 과위라네 얼씨구나 좋 다
두둥실－두둥실 즐겨보세 얼씨구나 좋 다

지 화 자 좋 네 아 니 닦지 는 －코 러 스 －
지 화 자 좋 네 아 니 닦지 는

못 － 하 리 － 라
못 － 하 리 － 라

Fine

# 우란분재일

작사 문재현
작곡 배신영
노래 채연회

Trot in4 (double beat) ♩= 134

우 란분재 맞-이해 서  대자대비-부처-님 을
정 성어린 마-음으로  이고득락-비옵-나 니

이 자리에 청해모셔  다생부모 왕생극  락
세 상-애착 모두끊고  부처님의 그세상  에

정성다한 맘입니 다  지혜짧아 못-미-처 서
나시기만원합니 다  다생겁에 경-험-하 신

중한은혜 입-고서 도  보은보 답  못하고 서
부질없는 몸-종노 룻  그허망을  떨침만 이

이생까지 이-른것 을  머리-숙여 부처님 께
윤회고를 벗-어나 는  길이-오니 그리되 길

참 회합니-  다  참 회-합니-  다
비 옵나이-  다  비 옵-나이-  다

**Fine**

# 고맙습니다

작사 문제현
작곡 배신영
노래 채연희

# 믿음으로 여는 세상

작사 문재현
작곡 배신영
노래 채연희

우리들 모두가　부처님의지해 - 활짝열린가슴으로　써
우리들 모두가　참선을할때는 - 모두비워명경지수　로

다 같이 도와서 -　살아들간 - 다면　훈풍같은앞날이리　라
참 나 를 관조해 -　실경에사 - 무처　깨달아서활짝웃는　날

아 - 즐 - 겁게　즐겁게마 - 음을　다스려참모습을　이루노라 면
아 - 즐 - 겁게　즐겁게법 - 담을　함으로꽃피울걸　맹세를하 고

정 - 토의세상 이　우 리를맞 - 으리　우리모두기도합시
정 - 진에정진 을　정 진 에정 - 진을　우리모두실천합시

다　다 같 이 기 도 합 시 - 다
다　다 같 이 실 천 합 시 - 다

Fine

# 출가재일

작사 문재현
작곡 배신영
노래 채연희

장하십니 다 장하십니 다
장하십니 다 장하십니 다

그의 지가 장하십니 다
갖은 역경 부딪쳐서 도

이 세상의 모든 사람 탐을 내는 왕의 지위 와
초 지일관 변함없음 우러러서 존경합니 다

왕비와의 궁중 낙을 미련없이 버리시 고
나 밖에서 찾으려는 어리석음 버리 고서

고 - 행수 - 도 하겠 다 한 - 굳은 의 지 머리
내 - 안에 - 서 찾으 려 한 - 깨침향 한 굳은

숙 여찬 탄합니 다 찬 탄합 니다
의 지찬 탄합니 다 찬 탄합 니다

Fine

# 염원

작사 문재현
작곡 배신영
노래 채연희

Moderato GoGo ♩ = 114

세 상 의 - 모든 것을 내 것인 - 양
영장 다 운 - 합 - 장의 염 원 속 - 에

먹 고 입고 - 즐 - 기며 살 아 가 다
세 상 티끌 - 털 어버린 일 넘 되 - 어

훌쩍지난세월속에 돌 아 보 니 한 바 탕 -
이것이것이무어꼬 참 구 하 며 날 이 가 고

꿈 결 같 은 인생이라 관 음 보 살 -
달 이 가 고 세월가도 시 간 감 을 -

외 치 며 회 개 하 니 기 도 하 다 -
모 르 는 일 상 이 라 크 게 깨 쳐 -

사 무 치고 - 사 무 친 맘 대 해탈로 성취토록 비 나 이 다 -
함 - 없는 - 함 으 로 씨 능 력다해 님의은혜 갚 으 리 라 -

이 끌 어 주 옵 소 서 이 끌 어 주 옵 소 서 Fine
이 끌 어 주 옵 소 서 이 끌 어 주 옵 소 서

188  화엄경 26권

# 우리네 삶, 고운 수로

작사 문재현
작곡 배신영
노래 채연희

# 숲속의 마음

작사 문재현
작곡 배신영
노래 채연희

Disco ♩ = 120

푸 른 숲 - 속 의　고 색 질 은 절 찾 아
깊 고 그 - 윽 한　산 사 찾 아 온 마 음
사 람 다 - 움 을　생 각 하 며 걷 는 길

라 - 라 라 -　친 구 들 과　굽 이 굽 이
라 - 라 라 -　친 구 들 과　사 색 하 는
라 - 라 라 -　친 구 들 과　주 고 받 는

걷 는 길 가　계 곡 물 도　반 - 기 는
가 부 좌 에　관 음 보 살　미 - 소 를
오 늘 의 말　길 가 별 도　조 - 용 한

소 리 좋 고 도 좋 아　콧 - 노 래　응 -
짓 고 좋 고 도 좋 아　나 - 는 야　응 -
미 소 좋 고 도 좋 아　맘 - 노 래　응 -

새 들 도 합 창 을 하 네
마 음 꽃 활 짝 피 었 네
숲 길 도 어 깨 춤 추 네

Fine

# 사색

작사 대원 문재현
작곡 배신영

조용－히 눈－감고－서 참－나를살펴－ 봐 요
조용－한 사－색으로 깨－달아살펴－ 보 면

갖은생각 모든행이 이로좇아있건만－ 은
온갖지혜 모든덕이 이로좇아있－음－ 에

색깔도모양도없어 알－고파서 사색일세 모든길내려놓고－
그능력베풀고펼쳐 누－리려고 수행일세 모두를다비우고－

쉬는시간사색으 로 한걸음또한걸음 다가서는노력다해 기어이성취하여
님의자취따름으 로 한걸음또한걸음 극락세계다가가서 기어이성취하여

낙원의－삶－누리려 네
너나없－이－누려보 세

# 천부경을 아시나요

작사 대원 문재현
작곡 배신영

우리조상 깊 - 은진리 천부경을아시나 요
바른진리 깨 - 달아서 이세상을바로봐 요

여든 - - - 한 - 자속에누 리의 - 온이 - 치 - 를
마음 - - - 의 능 - 력으로펼 쳐놓은장엄 - 이 - 라

남김없이 - 담으셨 - 네 - 필부의사내 - 라 도
화려하고 아름답 - 네 - 이땅인이대 - 로 가

마음을 - 갈고닦 - 아 영원 한참 - 나깨 - 쳐
낙원의 - 세계이 - 니 노래와춤 - 으로 - 써

환인 - 큰은혜에 보답 - 해사 - 세
어깨 - 동무하고 영원 - 히사 - 세

# 보살가

세상사에어 울린 구 제 의 길

어려움도웃어넘긴 이 마음을    흰 구름너도알리 라

성불의보리과를 이루기위해    두타의수행으로 써

이세계저세계서 닦았던보현행을 영원히펼치 — 리

# 도서출판 문젠(Moonzen)의 책들

## 1~5. 바로보인 전등록 (전30권을 5권으로)

7불과 역대 조사의 말씀이 1,700공안으로 집대성되어 있는 선종 최고의 고전으로, 깨달음의 정수가 살아 숨쉬도록 새롭게 번역되었다.

464, 464, 472, 448, 432쪽.

각권 18,000원

## 6. 바로보인 무문관

황룡 무문 혜개 선사가 저술한 공안집으로 전등록, 선문염송, 벽암록 등과 함께 손꼽히는 선문의 명저이다.

본칙 48개와 무문 선사의 평창과 송, 여기에 역저자인 대원 문재현 선사의 도움말과 시송으로 생명과 같은 선문의 진수를 맛보여 주고 있다.

272쪽. 12,000원

## 7. 바로보인 벽암록

설두 선사의 설두송고를 원오 극근 선사가 수행자에게 제창한 것이 벽암록이다.

이 책은 본칙과 설두 선사의 송, 대원 문재현 선사의 도움말과 시송으로 이루어져, 벽암록을 오늘에 맞게 바로 보이고 있다.

456쪽. 15,000원

## 8. 바로보인 천부경

우리 민족 최고(最古)의 경전 천부경을 깨달음의 책으로 새롭게 바로 보였다. 이 책에는 81권의 화엄경을 81자에 함축한 듯한 천부경과, 교화경, 치화경의 내용이 함께 담겨 있으며, 역저자인 대원 문재현 선사가 도움말, 토끼뿔, 거북털 등으로 손쉽게 닦아 증득하는 문을 열어놓고 있다.

432쪽. 15,000원

## 9. 바로보인 금강경

대원 문재현 선사의 『바로보인 금강경』은 국내 최초로 독창적인 과목을 내어 부처님과 수보리 존자의 대화 이면의 숨은 뜻을 드러내고, 자문과 시송으로 본문의 핵심을 꿰뚫어 밝혀, 금강경 전체를 손바닥 안의 겨자씨를 보듯 설파하고 있다.

488쪽. 15,000원

## 10. 세월을 북채로 세상을 북삼아

대원 문재현 선사의 선시가 담긴 선시화집 『세월을 북채로 세상을 북삼아』는 선과 시와 그림이 정상에서 만나 어우러진 한바탕이다. 선의 세계를 누리는 불가사의한 일상의 노래, 법열의 환희로 취한 어깨춤과 같은 선시가 생생하고 눈부시게 내면의 소리로 흐른다.

180쪽. 15,000원

## 11. 영원한현실

애매모호한 구석이 없이 밝고 명쾌하여, 너무도 분명함에 오히려 그 깊이를 헤아리기 어려운, 대원 문재현 선사의 주옥같은 법문을 모아 놓은 법문집이다.

400쪽. 15,000원

## 12. 바로보인 신심명

신심명은 양끝을 들어 양끝을 쓸어버리는, 40대치법으로 이루어진, 3조 승찬 대사의 게송이다. 이를 대원 문재현 선사가 바로 번역하는 것은 물론, 주해, 게송, 법문을 더해 통쾌하게 회통하고 자유자재 놓한 것이 이 『바로보인 신심명』이다.

296쪽. 10,000원

## 13~17. 바로보인 환단고기 (전5권)

『바로보인 환단고기』 1권은 민족정신의 정수인 환단고기의 진리를 총정리하여 출간하였다. 2권에는 역사총론과 태초에서 배달국까지 역사가 실려 있으며, 3권은 단군조선, 4권은 북부여에서부터 고려까지의 역사가 실려 있다. 5권에는 역사를 증명하는 부록과 함께 환단고기 원문을 실었다.

344 · 368 · 264 · 352 · 344쪽. 각권 12,000원

## 18~47. 바로보인 선문염송 (전30권)

선문염송은 세계최대의 공안집이다. 전 공안을 망라하다시피 했기에 불조의 법 쓰는 바를 손바닥 들여다보듯 하지 않고 는 제대로 번역할 수 없다. 대원 문재현 선사는 전 공안을 바로 참구할 수 있게끔 번역하고 각 칙마다 일러보였다.

352 368 344 352 360 360 400 440 376 392
384 428 410 380 368 434 400 404 406 440
424 460 472 456 504 528 488 488 480 512쪽
각권 15,000원

## 48. 앞뜰에 국화꽃 곱고 북산에 첫눈 희다

대원 문재현 선사의 선문답집으로 전강 · 경 봉 · 숭산 · 묵산 선사와의 명쾌한 문답을 실 었으며, 중앙일보의 <한국불교의 큰스님 선문 답> 열 분의 기사와 기자의 질문에 대한 대 원 문재현 선사의 별답을 함께 실었다.

200쪽. 5,000원

## 49. 바로보인 증도가

선종사에 사라지지 않을 발자취로 남은 영가 선사의 증도가를 대원 문재현 선사가 번역하 고 법문과 송을 더하였다.

자비의 방편인 증도가의 말씀을 하나하나 쳐 가는 선사의 일갈이야말로 영가 선사의 본 의중과 일치하여 부합하는 것이라 아니할 수 없다.

376쪽. 10,000원

## 50. 바로보인 반야심경

이 시대의 야부(冶父)선사, 대원 문재현 선사가 최초로 반야심경에 과목을 붙여 반야심경 내면에 흐르는 뜻을 밀밀하게 밝혀놓고 거침없는 송으로 들어보였다.

264쪽. 10,000원

## 51~52. 선(禪)을 묻는 그대에게 (전10권 중 2권)

대원 문재현 선사의 선수행에 대한 문답집. 깨달아 사무친 경지에 대한 밀밀한 점검과, 오후보림에 대한 구체적인 수행법 제시와, 최초의 무명과 우주생성의 원리까지 낱낱이 설한 법문이 담겨 있다.

280쪽, 272쪽. 각권 15,000원

## 53. 바로보인 선가귀감

선가귀감은 깨닫고 닦아가는 비법이 고스란히 전수되어 있는 선가의 거울이라 할 만하다. 더욱이 바로보인 선가귀감은 매 소절마다 대원 문재현 선사의 시송이 화살을 과녁에 적중시키듯 역대 조사와 서산대사의 의중을 꿰뚫어 보석처럼 빛나고 있다.

352쪽. 15,000원

## 54. 바로보인 법융선사 심명

심명 99절의 한 소절, 한 소절이 이름 그대로 마음에 새겨두어야 할 자비광명들이다. 이 심명은 언어와 문자이면서 언어와 문자를 초월한 일상을 영위하게 하는 주옥같은 법문이다.

278쪽. 12,000원

## 55. 주머니 속의 심경

반야심경은 부처님이 설하신 경 중에서도 절제된 경으로 으뜸가는 경이다. 대원 문재현 선사의 선송(禪頌)도 그 뜻을 따라 간략하나 선의 풍미를 한껏 담고 있다. 하루에 한 소절씩을 읽고 참구한다면 선 수행의 지름길이 될 것이다.

84쪽. 5,000원

## 56. 바로보인 법성게

법성게는 한마디로 화엄경의 핵심부를 온통 훤출히 드러내놓은 게송이다. 짧은 글 속에 일체의 법을 이렇게 통렬하게 담아놓은 법문도 드물 것이다.

이렇게 함축된 법성게 법문을 대원 문재현 선사가 속속들이 밀밀하게 설해놓았다.

176쪽. 10,000원

## 57. 달다 - 전강 대선사 법어집

이제는 전설이 된 한국 근대선의 거목인 전강 선사님의 최상승법과 예리한 지혜, 선기로 넘쳤던 삶이 생생하게 담겨 있는 전강 대선사 법어집 < 달다 > !

전강 대선사님의 인가 제자인 대원 문재현 선사가 전강 대선사님의 법거량과 법문, 일화를 재조명하여 보였다.

368쪽. 15,000원

## 58. 기우목동가

그 뜻이 심오하여 번역하기 어려웠던 말계 지은 선사의 기우목동가!

대원 문재현 선사가 바른 뜻이 드러나도록 번역하고, 간결한 결문과 주옥같은 선송으로 다시 보였다.

146쪽. 10,000원

## 59. 초발심자경문

이 초발심자경문은 한문을 새기는 힘인 문리를 터득하게 하기 위하여 일부러 의역하지 않고 직역하였다.

대원 문재현 선사의 살아있는 수행지침도 실려 있다.

266쪽. 10,000원

## 60. 방거사어록

방거사어록은 선의 일상, 선의 누림을 보여 주는 대표적인 선문이다. 역저자인 대원 문재현 선사는 방거사어록의 문답을 '본연의 바탕에서 꽃피우는 일상의 함'이라 말하고 있다. 법의 흔적마저 없는 문답의 경지를 온전하게 드러내 놓은 번역과, 방거사와 호흡을 함께 하는 듯한 '토끼뿔'이 실려 있다.

306쪽. 15,000원

## 61. 실증설

이 책의 모태는 대원 문재현 선사가 2010년 2월 14일 구정을 맞이하여 불자들에게 불법의 참뜻을 보이기 위해 홀연히 펜을 들어 일시에 써내려간 이 책의 3부이다. 실증한 이가 아니고는 설파할 수 없는 일구 도리로 보인 이 3부와 태초로부터 영겁에 이르는 성품의 이치를 문답과 인터뷰 법문으로 낱낱이 설한 1, 2를 보아 실증하기를…

224쪽. 10,000원

## 62. 하택신회대사 현종기

육조대사의 법이 중국천하에 우뚝하도록 한 장본인, 하택신회대사의 현종기. 세간에 지혜종도로 알려져 있는 편견을 불식시키는 뛰어난 깨달음의 경지가 여기에 담겨있다. 대원 문재현 선사가 하택신회대사의 실경지를 드러내고 바로보임으로써 빛냈다.

232쪽. 10,000원

## 63. 불조정맥 - 韓·英·中 3개국어판

석가모니불로부터 현 78대에 이르기까지 불
조정맥진영(佛祖正脈眞影)과 정맥전법게(正脈傳
法偈)를 온전하게 갖춘 최초의 불조정맥서.
대원 문재현 선사가 다년간 수집, 정리하여
기도와 관조 끝에 완성한 『불조정맥』을 3개
국어로 완역하였다.

216쪽. 20,000원

## 64. 바른 불자가 됩시다

참된 발심을 하여 바른 신앙, 바른 수행을
하고자 해도, 그 기준을 알지 못해 방황하는
불자님들을 위해 불법의 바른 길잡이 역할
을 하도록 대원 문재현 선사가 집필하여 출
간하였다.

162쪽. 10,000원

## 65. 누구나 궁금한 33가지

21세기의 인류를 위해 모든 이들이 가장 어
렵고 궁금해 하는 문제, 삶과 죽음, 종교와
진리에 대한 바른 지표를 제시하고자 대원
문재현 선사가 집필하여 출간하였다.

180쪽. 10,000원

## 66. 108진참회문 - 韓·英·中 3개국어판

전생의 모든 악연들이 사라져 장애가 없어지고, 소망하는 삶을 살게 하기 위해 대원 문재현 선사가 10계를 위주로 구성한 108 항목의 참회문이다. 한 대목마다 1배를 하여 108배를 실천할 것을 권한다.

170쪽. 15,000원

## 67. 달마의 일할도 허락지 않는다

대원 문재현 선사의 짧고 명쾌한 법문집.

책을 잡는 순간 달마의 일할도 허락지 않는 선기와 맞닥뜨리게 될 것이다. 때로는 하늘을 찌를 듯한 기세와, 때로는 흔적 없는 공기와도 같은 향기를 일별하기를…

190쪽. 10,000원

## 68. 마음대로 앉아 죽고 서서 죽고

생사를 자재한 분들의 앉아서 열반하고 서서 열반한 내력은 물론 그분들의 생애와 법까지 일목요연하게 수록해놓았다.

446쪽. 15,000원

## 69. 화두 - 韓·英·中 3개국어판

『화두』는 대원 문재현 선사의 평생 선문답의 결정판이다. 생생하게 살아있는 선(禪)을 한·영·중 3개국어로 만날 수 있다. 특히 대원 문재현 선사의 짧은 일대기가 실려 있어 그 선풍을 음미하는 데에 큰 도움을 주고 있다.

440쪽. 15,000원

## 70. 바로보인 간당론

법문하는 이가 법리를 모르고 주장자를 치는 것을 눈먼 주장자라 한다. 법좌에 올라 수장자 쓰는 이들을 위해서 대원 문재현 선사가 간당론에서 선리(禪理)만을 취하여 『바로보인 간당론』을 출간하였다.

218쪽. 20,000원

## 71. 완전한 우리말 불공예식법

부처님께 공양을 올리고 불보살님의 가피를 구하는 예법 등을 총칭하여 불공예식법이라 한다. 대원 문재현 선사가 이러한 불공예식의 본뜻을 살려서 완전한 우리말본 불공예식법을 출간하였다.

456쪽. 38,000원

## 72. 바로보인 유마경

유마경은 가히 불법의 최정점을 찍는 경전이라 할 것이니, 불보살님이 교화하는 경지에서의 깨달음의 실경과 신통자재한 방편행을 보여주는 최상승 경전이다. 대원 문재현 선사가 < 대원선사 토끼뿔 >로 이 유마경에 걸맞는 최상승법을 이 시대에 다시금 드날렸다.

568쪽. 20,000원

## 73. 실증설 5개국어판 - 韓·英·佛·西·中

대원 문재현 선사가 불법의 참뜻을 보이기 위해 홀연히 펜을 들어 일시에 써내려간 실증설! 실증한 이가 아니고는 설파할 수 없는 도리로 가득한 이 책이 드디어 영어, 불어, 스페인어, 중국어를 더하여 5개국어로 편찬되었다.

860쪽. 25,000원

## 74. 누구나 궁금한 33가지 3개국어판 - 韓·英·中

누구라도 풀어야 할 숙제인 33가지의 의문에 대한 답을 21세기의 현대인에게 맞는 비유와 언어로 되살린 『누구나 궁금한 33가지』가 한글, 영어, 중국어 3개국어로 출간되었다.

408쪽. 15,000원

## 75. 달마의 일할도 허락지 않는다 3개국어판 - 韓·英·中

대원 문재현 선사의 짧고 명쾌한 법문집인 『달마의 일할도 허락지 않는다』가 한글, 영어, 중국어 3개국어로 출간되었다. 전세계에서 유일하게 활선의 가풍이 이어지고 있는 한국, 그 가운데에서도 불조의 정맥을 이은 대원 문재현 선사가 살활자재한 법문을 세계로 전하고 있는 책이다.

308쪽. 15,000원

## 76~97. 화엄경 (전81권 중 25권)

대원 문재현 선사는 선문염송 30권, 전등록 30권을 모두 역해하여 세계 최초로 1,463칙 전 공안에 착어하였다. 이리한 안목으로 대천세계를 손바닥의 겨자씨 들여다보듯 하신 불보살님들의 지혜와 신통으로 누리는 불가사의한 화엄세계를 열어 보였다.

206, 256, 264, 278, 240, 288, 276, 224, 220, 236, 200, 208, 252, 224, 258, 302, 270, 249, 288, 244, 234, 228, 282, 240, 225 쪽.

각권 15,000원

## 98. 법성게 3개국어판 - 韓·英·中

법성게는 한마디로 화엄경의 핵심부를 훤출히 드러내놓은 게송으로 짧은 글 속에 일체법을 고스란히 담아 놓았다. 대원 문재현 선사의 통쾌한 법성게 법문이 한영중 3개국어로 출간되었다.

376쪽. 15,000원

## 99. 정법의 원류

『정법의 원류』는 불조정맥을 이은 정맥선원의 소개서이다. 정맥선원은 불조정맥 제77조 조계종 전강 대선사의 인가 제자인 대원 문재현 전법선사가 주재하는 도량이다. 『정법의 원류』를 통해 정맥선원 대원 문재현 선사의 정맥을 이은 법과 지도방편을 만날 수 있다.

444쪽. 20,000원

## 100. 바로보인 도가귀감

도가귀감은, 온통인 마음〔一物〕을 밝혀 회복함으로써, 생사를 비롯한 모든 아픔과 고를 여의어, 뜻과 같이 누려서 살게 하고자 한 도교의 뜻을, 서산대사가 밝혀놓은 책이다. 대원 문재현 선사가 부록으로 도덕경의 중대한 대목을 더하고, 그 대목대목마다 결문(決文)하였다.

218쪽. 12,000원

## 101. 바로보인 유가귀감

유가귀감은 서산대사가 간추려놓은 구절로서, 간결하지만 심오하기 그지없으니, 간략한 구절 속에서 유교 사상을 미루어볼 수 있게 하였다. 대원 문재현 선사가 그 뜻이 잘 드러나게 번역하고 그 대목대목마다 결문(決文)하였다.

236쪽. 15,000원

## 출간도서

바로보인 전등록 전 5권
바로보인 무문관
바로보인 벽암록
바로보인 천부경·교화경·치화경
바로보인 금강경
세월을 북채로 세상을 북삼아
영원한 현실
바로보인 신심명
바로보인 환단고기 전 5권
바로보인 선문염송 전 30권
앞뜰에 국화꽃 곱고 북산에 첫눈 희다
바로보인 증도가
바로보인 반야심경
선을 묻는 그대에게 1·2
바로보인 선가귀감
바로보인 법융선사 심명
주머니 속의 심경
바로보인 법성게
달다 -전강 대선사 법어집
기우목동가
초발심자경문
방거사어록

실증설
하택신회대사 현종기
불조정맥 - 한·영·중 3개국어판
바른 불자가 됩시다
누구나 궁금한 33가지
108진참회문 - 한·영·중 3개국어판
달마의 일할도 허락지 않는다
마음대로 앉아 죽고 서서 죽고
화두 - 한·영·중 3개국어판
바로보인 간당론
완전한 우리말 불공예식법
바로보인 유마경
실증설 5개국어판 - 한·영·불·서·중
누구나 궁금한 33가지 3개국어판
- 한·영·중
달마의 일할도 허락지 않는다
3개국어판 - 한·영·중
화엄경 전 81권 중 25권
법성게 3개국어판 - 한·영·중
정법의 원류
바로보인 도가귀감
바로보인 유가귀감

## 출간예정 도서

화엄경 27권 ~ 81권
바로보인 능엄경 제6권
바로보인 원각경
바로보인 육조단경
바로보인 대전화상주 심경
바로보인 전등록 전 30권
바로보인 위앙록
해동전등록
말 밖의 말
언어의 향기

대원 문재현 선송집
진리와 과학의 만남
바로보인 5대 종교
금강경 야부송과 대원선사 토끼뿔
선재동자 참알 오십삼선지식
경봉선사 혜암선사 법을 들어 설하다
십현담 주해
불교대전
태고보우선사어록

# 법문 MP3를 주문판매합니다

부처님의 78대손이신 대원(大圓) 문재현(文載賢) 전법선사님의 법문 MP3가 나왔습니다. 책으로만 보아서는 고준하여 알기 어려웠던 선문(禪文)의 이치들이 자세히 설하여져 있어서, 모든 궁금증을 시원하게 풀어줄 것입니다.

- 천부경 : 15,000원
- 신심명 : 30,000원
- 현종기 : 65,000원
- 기우목동가 : 75,000원
- 반야심경 : 1회당 5,000원 (총 32회)
- 선가귀감 : 1회당 5,000원 (총 80회)

- 금강경 : 40,000원
- 법성게 : 10,000원
- 법융선사 심명 : 100,000원

# 대원 선사님 작사 노래 CD 주문판매합니다

가슴으로 부르는
불심의 노래

1. 서 원 가 (3:36)
2. 반조 염불가 (4:00)
3. 소중한 삶 (2:30)
4. 석가모니불 (4:52)
5. 맹세의 노래 (4:25)
6. 염원의 노래 (3:25)
7. 음성 공양 (3:51)
8. 발 심 가 (3:05)
9. 자비의 품 (4:10)
10. 부처님 은혜(첫 번째) (4:34)

11. 보살의 마음 (3:50)
12. 이 생에 해야 할 일 (3:08)
13. 구도의 목표 (3:18)
14. 깊은 아시리 (3:42)
15. 부처님 은혜(두 번째) (4:34)
16. 정중정인 오셨네 (3:10)
17. 내 문제는 내가 풀자 (2:38)
18. 즐거운 밤 (2:27)
19. 관 음 가 (2:46)

• 가격 : 2만원

가슴으로 부르는
불심의 노래 2

1. 부 처 님 (4:01)
2. 열반재일 (3:09)
3. 성도재일 (4:00)
4. 석굴암의 노래 (3:19)
5. 님의 모습 (3:15)
6. 믿고 따르세 (2:55)
7. 신명을 다하리 (4:17)
8. 부처님께 바치는 마음 (3:49)
9. 감사합니다 (3:10)
10. 교 화 가 (4:30)

11. 섬진강 소초 (3:08)
12. 권 수 가[1] (3:02)
13. 권 수 가[2] (3:02)
14. 우란분재일 (3:38)
15. 고맙습니다 (2:31)
16. 믿음으로 여는 세상 (3:05)
17. 출가재일 (2:44)
18. 염 원 (2:52)
19. 우리네 삶, 고운 수로 (2:35)
20. 숨속의 마음 (2:33)

• 가격 : 1만5천원

문의 전화 ☎ 031-534-3373

유튜브에서 채널 구독하시고
무료로 찬불가 앨범을 감상하세요

유튜브에서 MOONZEN을 검색하시거나
아래의 주소로 접속해주세요

http://www.youtube.com/user/officialMOONZEN

화엄경 26권은 이룬절 포천정맥선원
불지 도옥희 본연님, 최진철, 각준 최
우현 본연님, 최창현님의 보시에 의
해 출간되었습니다. 이 무량공덕으로
구경성불하시기를 기원합니다.